TÍTULO: QUERIDA JANE: HISTORIAS DE JUVENTUD II
© JANE AUSTEN
@ TRADUCCIÓN: TERESA HERNÁNDEZ
© DISEÑO DE CUBIERTA: PALABRAS DE AGUA
EDITORA: EDITORIAL PALABRAS DE AGUA
CORRECCIÓN Y MAQUETACIÓN: PALABRAS DE AGUA

PRIMERA EDICIÓN: DICIEMBRE 2025

© EDITORIAL PALABRAS DE AGUA 2025
PALABRASDEAGUAEDITORIAL@GMAIL.COM
WWW.PALABRASDEAGUAEDITORIAL.COM

ISBN: 979-13-88169-12-0
DEPÓSITO LEGAL: M-28072-2025

IMPRESIÓN: ESPAÑA

QUERIDA JANE

HISTORIAS DE JUVENTUD II

JANE AUSTEN

PALABRAS
DE AGUA
EDITORIAL

Ex dono me Patris

AMOR Y AMISTAD

Una novela dividida en un conjunto de cartas

Esta Novela está dedicada
a la señora condesa de
Feullide, por su obediente
y humilde servidora.

«Engañada en la amistad y traicionada en el amor»

PRIMERA CARTA

De Isabel para Laura

¡Cuántas veces he intentado que le contaras a mi hija, con todo detalle, las aventuras y desventuras de tu vida, y tú siempre me contestabas: «No, amiga mía, no lo haré hasta que esté a salvo del peligro de volver a vivir esos horrores»!

Estoy convencida de que ese momento ha llegado. Hoy cumples 55 años. Si alguna vez una mujer puede decir que está a salvo de los pesados pretendientes y la cruel persecución de padres testarudos, es, sin duda, a esa edad.

ISABEL

SEGUNDA CARTA

De Laura para Isabel

Aunque no estoy de acuerdo contigo en que no volveré a sufrir desgracias tan inmerecidas como las que ya he vivido, he decidido contárselo a tu hija para que no me acuses de ser una testaruda o una mala persona.

Espero que la fuerza con la que he soportado las muchas penas de mi pasado le sirva como una lección útil para afrontar las que le vengan en su propia vida.

LAURA

TERCERA CARTA

De Laura para Marianne

Como eres la hija de mi mejor amiga, creo que tienes derecho a conocer mi triste historia, que tu madre me ha pedido que te cuente tantas veces.

Mi padre era de Irlanda y vivía en Gales. Mi madre era la hija ilegítima de un noble escocés y una bailarina de ópera. Yo nací en España y me educaron en un convento en Francia.

Cuando cumplí los dieciocho años, mis padres me hicieron volver a nuestra casa en Gales. Nuestra mansion estaba en uno de los parajes más románticos del valle de Uske. Aunque mis encantos se han reducido considerablemente y han sido maltratados por mis desgracias, hubo un tiempo en el que fui bella. Pero, por muy encantadora que fuera, mi gracia era lo menos importante de todas mis perfecciones. Yo tenía todas las cualidades más destacadas y típicas de mi sexo. En el convento, mi progreso en los estudios siempre superaba lo que me enseñaban, mis conocimientos eran mucho mayores de los que correspondían a mi edad, y pronto superé a mis maestros.

Tenía, al más alto nivel, todas las virtudes que una persona puede tener. En mí se encontraban todas las buenas cualidades y todos los sentimientos nobles.

Mi único defecto, si se le puede llamar así, era una sensibilidad demasiado grande por las penas de mis amigos, conocidos y, en especial, por las mías. ¡Ay,

cuánto he cambiado! Aunque es cierto que mis desgracias me siguen haciendo sufrir como antes, ya nunca sufro por las de otros. También mi talento se está desvaneciendo. Ya no puedo cantar tan bien como antes, ni bailar con la gracia que solía tener: he olvidado por completo el Minuet De La Cour.
Adiós.

LAURA

CUARTA CARTA

De Laura para Marianne

Nuestro vecindario era pequeño, ya que la única vecina era tu madre. Quizás ya te ha contado que, como sus padres la dejaron sin un centavo, se mudó a Gales por motivos económicos. Fue allí donde nuestra amistad comenzó. Isabel tenía veintiún años. Aunque su forma de ser y sus modales eran agradables, ni por asomo se acercaba a mi belleza o mis perfecciones. Isabel había visto el mundo: había pasado dos años en uno de los mejores internados de Londres, dos semanas en Bath y había cenado una noche en Southampton.

«Ten cuidado, mi querida Laura», me decía a menudo. «Ten cuidado con la vacía vanidad y la holgazana disipación de la gran capital de Inglaterra. Cuidado con los lujos superficiales de Bath y con el pescado apestoso de Southampton».

«¡Ay!», exclamaba yo. «¿Cómo podría evitar males a los que nunca me expondré? ¿Qué posibilidades tengo de ver la disipación de Londres, los lujos de Bath o el pescado apestoso de Southampton? ¡Yo, que estoy condenada a malgastar los días de mi juventud y belleza en una humilde casa del valle de Uske!»

¡Qué poco me imaginaba entonces que pronto me ordenarían dejar esa casa humilde por los placeres engañosos del mundo!

Adiós.

LAURA

QUINTA CARTA

De Laura para Marianne

Una noche de diciembre, mientras mis padres y yo charlábamos alrededor del fuego, nos sorprendió el ruido de alguien que llamaba con fuerza a la puerta principal de nuestra casa rural.

Mi padre se levantó.

«¿Qué ruido es ese?», dijo.

«Parece que llaman a la puerta», respondió mi madre.

«Sí, a mí me suena a eso», dije yo.

«Comparto vuestra opinión», dijo mi padre. «Realmente el sonido parece causado por una violencia inusitada ejercida sobre nuestra inofensiva puerta».

«Sí», exclamé yo. «No puedo evitar pensar que debe de ser alguien que desea entrar en nuestra casa».

«Esa es otra cuestión», replicó él. «No debemos pretender determinar la causa por la que la persona llama a la puerta, aunque estoy casi convencido de que alguien llama a la puerta».

En ese momento, el discurso de mi padre se vio interrumpido por un segundo golpe tremendo que, en cierto modo, nos asustó a mi madre y a mí.

«¿No sería mejor ir a ver quién es?», dijo ella. «Los criados no están».

«Creo que haríamos bien», repliqué yo.

«Sin duda. En todos los sentidos», añadió mi padre.

«¿Vamos ya?», dijo mi madre.

«Cuanto antes, mejor», contestó él.

«¡Oh, no perdamos más tiempo!», exclamé yo.

En ese instante, nuestros oídos fueron asaltados por un tercer golpe, más violento aún que los anteriores.

«Estoy segura de que alguien llama a la puerta», dijo mi madre.

«Sí, debe de ser eso», replicó mi padre.

«Creo que los criados han vuelto», dije yo. «Me parece oír a Mary que se dirige a la puerta».

«¡Me alegro, porque tengo muchas ganas de saber de quién se trata», exclamó mi padre.

Mi suposición fue correcta, porque Mary entró inmediatamente en la habitación y nos informó de que un joven caballero y su criado estaban en la puerta. Se habían perdido, tenían mucho frío y rogaban que se les permitiera calentarse junto al fuego.

«¿No vas a dejarles entrar?», dije yo.

«¿Tienes alguna objeción, querida?», dijo mi padre.

«Ninguna en absoluto», respondió mi madre.

Sin esperar nuevas órdenes, Mary salió de la habitación y regresó enseguida acompañada por el joven más apuesto y encantador que jamás hubiera visto. Ella se quedó con el criado.

Mi sensibilidad natural ya se había visto muy afectada por los sufrimientos del pobre desconocido, y en cuanto lo vi por primera vez, me di cuenta de que la felicidad o la desgracia de mi vida futura dependía totalmente de él.

Adiós.

LAURA

SEXTA CARTA

De Laura para Marianne

El noble joven nos informó de que su nombre era Lindsay, aunque por motivos personales lo llamaré aquí Talbot. Nos dijo que era el hijo de un barón inglés, que su madre había muerto hacía muchos años y que tenía una hermana de estatura media.

«Mi padre», continuó diciendo, «es un miserable canalla y un avaro. Solo puedo traicionar así sus debilidades ante personas tan queridas como las que aquí se congregan. Sus virtudes, mi estimado Polidoro», dijo dirigiéndose a mi padre; «Las suyas, querida Claudia, y las suyas, mi encantadora Laura, hacen que les confíe todo esto». —Inclinamos la cabeza—. «Mi padre, seducido por el falso brillo del dinero y la pomposa vanidad de un título, insistió en ofrecerme en matrimonio a Lady Dorothea».

«¡No, nunca!», exclamé yo. «Lady Dorothea es agraciada y encantadora; no hay mujer que prefiera a ella, pero, sepa usted, señor, que me niego a casarme con ella para complacer sus deseos. No, nunca se podrá decir que hice lo que mi padre quería».

La virilidad de su respuesta nos asombró. El joven siguió hablando:

«Sir Edward se sorprendió mucho. Quizás no esperaba una oposición tan decidida a su voluntad».

«¡Por todos los santos, Edward! ¿De dónde has sacado tantas tonterías ridículas? Sospecho que te has dedicado a leer novelas».

«Yo me negué a responder; eso estaba por debajo de mi dignidad. Monté mi caballo y, seguido por mi fiel William, me dirigí a casa de mi tía. La casa de mi padre está en Bedforshire, la de mi tía en Middlesex, y aunque me considero un notable conocedor de la geografía, no logro entender cómo, cuando esperaba haber llegado a la casa de mi tía, me encuentro en este hermoso valle y descubro que estamos en el sur de Gales. Después de vagar un tiempo por las orillas del río Uske, sin saber qué dirección tomar, empecé a lamentar mi cruel destino de la forma más patética y amarga. La oscuridad era total, no había ni una sola estrella que guiara mis pasos, y no sé qué habría sido de mí si, finalmente, y en medio de aquella solemne penumbra, no hubiera visto una luz a lo lejos que, a medida que avanzaba, resultó provenir de la alegre llamarada de su chimenea. Impulsado por la suma de mis desgracias —es decir: miedo, frío y hambre—, no dudé en buscar refugio en su casa, algo que finalmente he conseguido. Y ahora, adorable Laura», continuó, tomando mi mano, *«¿cuándo podré, si es que puedo albergar esa esperanza, obtener una recompensa por todos los terribles sufrimientos que he padecido durante todo el tiempo que ha durado mi afecto por ti, objeto de todas mis aspiraciones? ¡Oh! ¿Cuándo me recompensarás con tu persona?»*

«En este instante, querido y encantador Edward», respondí yo.

Nuestra unión fue inmediatamente bendecida por mi padre, que, aunque nunca se ordenó sacerdote, había sido educado para entrar en el seno de la Iglesia. Adiós.

LAURA

SÉPTIMA CARTA

De Laura para Marianne

Después de casarnos, solo estuvimos unos días en el valle de Uske. Me despedí con mucho cariño de mi padre, mi madre y mi amiga Isabel, y me fui con Edward a casa de su tía en Middlesex. Philippa nos recibió con grandes muestras de afecto. Mi llegada fue una sorpresa muy agradable para ella, no solo porque no sabía nada de mi matrimonio con su sobrino, sino porque ni siquiera sabía que yo existía.

Augusta, la hermana de Edward, estaba de visita en la casa cuando llegamos. Era exactamente como su hermano la había descrito: de estatura media. Augusta me recibió con la misma sorpresa que Philippa, pero no con la misma calidez. Hubo una frialdad incómoda y una reserva amenazadora en su forma de recibirme, algo tan desconcertante como inesperado. No mostró ni rastro de la sensibilidad ni la amable simpatía que deberían haber caracterizado sus modales y sus palabras en el momento de la presentación. Su lenguaje no era ni cálido ni cariñoso; sus miradas no eran ni alegres ni cordiales; no abrió sus brazos para abrazarme, aunque yo extendí los míos para estrecharla contra mí.

Una breve conversación entre Augusta y su hermano, que escuché sin querer, aumentó mi rechazo hacia ella y me convenció de que su corazón estaba tan poco preparado para los dulces lazos del cariño como para el atractivo intercambio de la amistad.

«¿Crees que nuestro padre te perdonará alguna vez este matrimonio tan imprudente?», decía Augusta.

«Augusta», replicó el noble joven, «creía que tenías una opinión más alta de mí. Deberías saber que jamás me degradaría de forma tan vil como para tener en cuenta la opinión de mi padre en cualquiera de mis asuntos, y menos en uno de tanta importancia para mí. Dime con sinceridad, Augusta, ¿alguna vez me has visto pedirle su opinión o seguir su consejo en algo, desde que tenía quince años?»

«Edward», respondió ella, «eres demasiado modesto al elogiarte a ti mismo. ¿Solo desde que tenías quince años? Querido hermano, te reconozco que desde que tenías cinco años no has contribuido voluntariamente a la más mínima satisfacción de nuestro padre. Aun así, sigo sospechando que pronto te verás obligado a humillarte y a buscar ayuda para tu mujer en la generosidad de Sir Edward».

«¡Nunca jamás, Augusta, me degradaré de esa forma!» dijo Edward. «¡Ayuda! ¿Qué tipo de ayuda crees que Laura puede recibir de él?»

«Solo la insignificante que se traduce en poder comer y beber», contestó ella.

«¡Comer y beber!», replicó mi esposo, en un tono noble y despectivo. «¿Crees que la única ayuda que una persona elevada como mi Laura puede recibir es el bajo y grosero suministro de comida y bebida?»

«No conozco ninguna otra tan efectiva», contestó Augusta.

«¿Es que nunca has sentido los deliciosos dardos del amor, Augusta?», replicó mi Edward. «¿Acaso tu *paladar vil y corrupto cree que es imposible vivir de amor? ¿Te resulta inconcebible el lujo que es vivir las dificultades de la pobreza junto al objeto de tu más tierno afecto?»*

«Eres demasiado ridículo», dijo Augusta. «Y no me molestaré en discutir contigo. Sin embargo, quizás con el tiempo te convenzas de que...»

La aparición de una joven muy hermosa, que fue llevada a la habitación donde yo estaba escuchando, me impidió oír el resto. Cuando anunciaron a "Lady Dorothea", abandoné mi puesto de inmediato y la seguí a la salita, porque recordaba muy bien que era ella la dama que el cruel e implacable barón había propuesto como esposa para mi Edward.

Aunque la visita de Lady Dorothea era nominalmente para Philippa y Augusta, tenía ciertas razones para pensar que (sabiendo del matrimonio y de la llegada de Edward) el principal motivo era conocerme.

Pronto me di cuenta de que, aunque era encantadora y elegante en su persona, aunque era educada y de conversación fluida, en lo que se refiere a sentimientos tiernos y delicados y a la sensibilidad refinada, pertenecía a ese grupo de seres inferiores del que Augusta formaba parte.

Dorothea estuvo en nuestra compañía durante media hora, sin que en el transcurso de su visita me confiara uno solo de sus pensamientos secretos, ni me pidiera que le confiara los míos. Te será fácil imaginar, mi querida Marianne, que no pude sentir ningún tipo de afecto o cariño sincero por Lady Dorothea.

Adiós.

LAURA

OCTAVA CARTA

De Laura para Marianne

*Lady Dorothea acababa de irse cuando anunciaron
una nueva visita, tan inesperada como la anterior. Se
trataba de Sir Edward, quien, informado por Augusta
del matrimonio de su hermano, venía sin duda a
regañar a su hijo por haberse atrevido a unirse a mí
sin su consentimiento. Pero Edward, previendo sus
intenciones, en cuanto entró en la habitación se
dirigió hacia él con paso heroico y le habló de la siguiente manera:*

*«Conozco el motivo de su visita, Sir Edward. Viene
aquí con el bajo deseo de reprocharme el matrimonio
indisoluble que he llevado a cabo con mi Laura sin su
consentimiento. Pero sepa usted, señor, que me enorgullezco de este acto y me jacto sobremanera de haber
causado su insatisfacción».*

*Dicho esto, tomó mi mano y, mientras Sir Edward,
Philippa y Augusta se quedaban sin duda reflexionando con admiración sobre la valentía de mi esposo,
él me condujo de la salita al carruaje de su padre, que
seguía detenido ante la puerta. En él nos pusimos a
salvo de la persecución de Sir Edward.*

*Al principio, los postillones habían recibido órdenes de
ir por la carretera de Londres. Después de pensarlo un
poco, les ordenamos que nos llevaran a M..., donde
vivía el mejor amigo de Edward, que estaba a solo
unas millas de distancia. Llegamos a M... pocas horas*

después y, tras anunciar nuestra llegada, Sophia, la esposa del amigo de Edward, vino a recibirnos. Después de haber estado tres semanas sin una verdadera amiga (pues así considero a tu madre), puedes imaginar mi alegría al ver a una persona, sin duda, digna de ese nombre. Sophia era mucho más alta que la media y muy elegante. Una dulce languidez cubría sus encantadoras facciones, solo para aumentar su belleza. Esa misma languidez era la característica de su personalidad: pura sensibilidad y sentimiento. Nos lanzamos la una a los brazos de la otra y, después de prometer nuestra amistad mutua para el resto de nuestras vidas, intercambiamos los secretos más preciados de nuestros corazones. En este agradable entretenimiento estábamos cuando nos interrumpió la entrada de Augustus (el amigo de Edward), que regresaba de un paseo solitario.

«¡Mi vida! ¡Mi alma!», exclamó el primero. «¡Mi adorable ángel!», respondió el segundo, volando el uno en los brazos del otro.

La escena era demasiado patética para los sentimientos de Sophia y los míos, así que nos desmayamos alternativamente en el sofá.

Adiós.

LAURA

NOVENA CARTA

De Laura para Marianne

*El día terminaba cuando recibimos la siguiente carta
de Philippa:*
«*Sir Edward está furioso por vuestra abrupta marcha
y se ha llevado a Augusta con él de vuelta a Bedford-
shire. A pesar de lo mucho que deseo volver a disfrutar
de vuestra encantadora compañía, no puedo arrancaros
del lado de vuestros queridos y dignos amigos. Cuando
vuestra visita haya terminado, confío en que volveréis
a los brazos de vuestra*

PHILIPPA»

*Escribimos una respuesta apropiada a esta cariñosa
nota y, después de agradecerle su amable invitación, le
aseguramos que, naturalmente, la aceptaríamos,
siempre y cuando no tuviéramos otro sitio donde ir.
Aunque nuestra agradecida respuesta solo podía gustar
a una persona razonable, lo cierto es que, no sé cómo,
la caprichosa señora se sintió ofendida por nuestro
comportamiento y, pocas semanas después, no sé si por
venganza o para llenar su propia soledad, se casó con
un cazafortunas joven e inculto.
Este paso imprudente (aunque sabíamos que probablemente nos privaría de la fortuna que Philippa
siempre nos había dicho que sería nuestra) no provocó
ni un solo suspiro en nuestras elevadas personalidades.
Sin embargo, sabíamos que esa unión podría ser una*

fuente inagotable de tristeza para la engañada novia, y nuestra temblorosa sensibilidad se vio profundamente afectada cuando nos enteramos del acontecimiento. Los afectuosos ruegos de Augustus y Sophia para que considerásemos su casa como nuestro hogar para siempre nos convencieron enseguida y decidimos no abandonarlos nunca.

En compañía de mi Edward y de esta amable pareja, pasé los momentos más felices de mi vida. El tiempo pasaba de la forma más deliciosa, entre muestras de amistad mutua y promesas de amor inalterable, sentimientos que nunca se veían interrumpidos por la llegada de visitantes desagradables. Augustus y Sophia habían tenido el buen cuidado, al llegar a ese vecindario, de informar a las familias de los alrededores de que, como su felicidad se centraba totalmente en ellos mismos, no deseaban otro tipo de relaciones. Pero ¡ay, mi querida Marianne! Aquella felicidad que disfruté entonces era demasiado perfecta para durar. El más severo e inesperado de los golpes destruyó en un instante toda sensación de placer. Convencida como debes estarlo, por todo lo que te he dicho hasta ahora sobre Augustus y Sophia, de que nunca hubo una pareja más feliz, casi no tengo que decirte que su unión había sido en contra de los deseos de sus crueles y avaros padres, quienes en vano habían intentado, con persistencia obstinada, obligarles a casarse con personas que odiaban; si bien, con una fortaleza heroica, digna de ser relatada y admirada, habían rechazado constantemente someterse a un poder tan despótico. Después de haberse liberado tan noblemente de las cadenas de la autoridad paterna a través de un matrimonio secreto, decidieron no traicionar jamás la buena opinión que se habían ganado con su comportamiento y no aceptar ningún tipo de propuesta de reconciliación que pudiera venir de sus padres, aunque su noble independencia nunca llegó a ser puesta a prueba por esto.

Llevaban solo unos meses casados cuando comenzó nuestra visita, y durante ese tiempo habían vivido muy bien gracias a una considerable suma de dinero que Augustus había graciosamente birlado del escritorio de su indigno padre pocos días antes de casarse con Sophia.

Con nuestra llegada, sus gastos aumentaron considerablemente, aunque sus medios para cubrirlos estaban casi agotados. Pero ellos, ¡criaturas tan elevadas!, se negaron a reflexionar por un momento sobre sus problemas de dinero y se habrían sonrojado ante la sola idea de pagar sus deudas. ¡Ay, cuál fue su recompensa por un comportamiento tan desinteresado! El bello Augustus fue arrestado y todos nos vimos en la ruina. El comportamiento vergonzoso de quienes perpetraron una traición tan ruin sorprenderá a tu dulce naturaleza, queridísima Marianne, tanto como entonces afectó a la delicada sensibilidad de Edward, de Sophia, de tu Laura y del mismo Augustus. Y para colmo de aquella barbaridad sin igual, nos informaron de que pronto se llevaría a cabo un embargo de la casa. ¡Ah, qué podíamos hacer sino lo que hicimos! Todos suspiramos y nos desmayamos sobre el sofá.

Adiós.

LAURA

DÉCIMA CARTA

De Laura para Marianne

Una vez que nos recuperamos un poco de las abrumadoras emociones de nuestra pena, Edward expresó su deseo de que nos detuviéramos a pensar cuál era el paso más prudente que, en nuestra desdichada situación, podíamos dar, mientras él ayudaba a su amigo encarcelado a lamentarse sobre sus desgracias. Después de prometerle que lo haríamos, se dirigió a la ciudad. Durante su ausencia, nos dedicamos a cumplir fielmente con su deseo y, tras una exhaustiva deliberación, finalmente acordamos que lo mejor sería abandonar la casa, en la cual se esperaba la llegada de los oficiales de justicia en cualquier momento para tomar posesión de ella.

Llenas de gran impaciencia, esperamos la llegada de Edward para contarle el resultado de nuestras deliberaciones. Pero Edward nunca apareció. En vano contamos los tediosos momentos de su ausencia; en vano lloramos; en vano, incluso, suspiramos... ningún Edward volvió. Fue un golpe demasiado cruel, demasiado inesperado para nuestra tierna sensibilidad. No pudiendo soportarlo, solo pudimos desmayarnos. Por último, haciendo acopio de toda la resolución de la que fui capaz, me levanté y, tras empacar lo mínimo imprescindible para Sophia y para mí, la arrastré hasta el coche que había mandado llamar y nos dirigimos enseguida hacia Londres.

Como la residencia de Edward estaba a unas doce millas de la ciudad, no tardamos mucho en llegar y, en cuanto entramos en Holborn, bajando una de las ventanillas del coche, empecé a preguntar a toda persona de aspecto decente que nos cruzábamos si había visto a mi Edward.

Sin embargo, como el coche iba demasiado deprisa para escuchar las respuestas que mi permanente pregunta recibía, la información que obtuve sobre su paradero fue muy pequeña o prácticamente nula.

«¿A dónde voy?», preguntó el cochero.

«A Newgate, amable joven, a ver a Augustus», respondí yo.

«¡Oh, no, no!», exclamó Sophia. «No puedo ir a Newgate. No podría soportar la visión de mi Augustus en tan cruel encierro. Mis sentimientos ya han sido fuertemente golpeados por el relato de su desgracia, pero contemplarla sería una impresión demasiado abrumadora para mi sensibilidad».

Como entendí perfectamente la justicia de sus sentimientos, el cochero se dirigió de nuevo hacia el campo.

Es posible, queridísima Marianne, que estés un poco sorprendida de que, después de los sufrimientos que había padecido, privada de cualquier tipo de apoyo y desprovista de una residencia, ni una sola vez recordara a mi padre y a mi madre, o pensara en mi casa rural del valle de Uske. Para que comprendas este aparente olvido, debo informarte de una circunstancia sin importancia que está relacionada con ellos y que no he mencionado hasta ahora. La circunstancia aludida es la muerte de mis padres, ocurrida pocas semanas después de mi partida. A su muerte, me *convertí en la legítima heredera de su casa y de su fortuna. Pero, ¡ay!, la casa nunca les había pertenecido y su fortuna era solo vitalicia. ¡Tal es la depravación del mundo! Hubiera vuelto contenta al lado de tu madre, llevando conmigo a la encantadora Sophia; hubiera sido maravilloso pasar el resto de mi vida en la querida compañía de ambas en el valle de Uske, si no fuera porque un obstáculo se interpuso en la ejecución de un plan tan agradable: el matrimonio de tu madre y su partida a un lugar remoto de Irlanda. Adiós.*

LAURA

UNDÉCIMA CARTA

De Laura para Marianne

«Tengo un pariente en Escocia, que, estoy segura, no dudará en acogerme», me dijo Sophia al salir de Londres. «¿Entonces le digo al mozo que nos lleve allí? Aunque, pensándolo mejor… ¡Ay, quizás es un viaje demasiado largo para los caballos!», exclamé yo.

No queriendo, sin embargo, actuar basándome en mi escaso conocimiento de la fuerza y las cualidades de los caballos, consulté al cochero, quien estuvo completamente de acuerdo conmigo. Decidimos, por tanto, cambiar de caballos en la siguiente ciudad y hacer relevos rápidos durante el resto del viaje.

Al llegar a la última posada del camino, que estaba a solo unas pocas millas de la casa del pariente de Sophia, y para evitar imponernos de forma desconsiderada e inesperada, escribimos con una caligrafía muy bonita una nota muy elegante en la que le contábamos nuestra situación tan precaria y melancólica, así como nuestra intención de pasar algunos meses con él en Escocia. En cuanto enviamos esta carta, nos preparamos para seguirla en persona y, justo cuando íbamos a subir al coche, nuestra atención fue atraída por la llegada al patio de la posada de un carruaje con un escudo y tirado por cuatro caballos. De él descendió un caballero bastante mayor. Su primera aparición me conmovió de una manera maravillosa, y cuando lo miré por segunda vez, una simpatía instintiva me susurró al corazón que se trataba de mi abuelo.

Convencida de que no podía equivocarme, salté inmediatamente del coche en el que acababa de subir y, siguiendo al venerable desconocido hasta la habitación a la que fue conducido, me arrodillé ante él y le rogué que me reconociera como su nieta. Él se detuvo y, después de examinar detenidamente mis facciones, me levantó del suelo y, abriéndome sus brazos familiares, me abrazó, exclamando: «¡Te reconozco! Sí, querida, el parecido de mi Laurina; dulce imagen de mi Claudia y de la madre de mi Claudia, te reconozco como la hija de una y la nieta de la otra».

Mientras me abrazaba de forma tan tierna, Sophia, sorprendida por mi salida precipitada, entró en la habitación buscándome. Tan pronto como el venerable par posó su mirada en ella, exclamó lleno de sorpresa:

«¡Otra nieta! Sí, sí, veo que eres la hija de la hija mayor de mi Laurina. Tu parecido con la bella Matilda lo proclama con claridad».

«¡Oh!», replicó Sophia. «Cuando le vi por primera vez, el instinto de la naturaleza me susurró que teníamos algún lazo de parentesco, pero si se trataba de abuelos o de abuelas era algo que no podía determinar».

Él la abrazó y, mientras permanecían tiernamente abrazados, la puerta de la habitación se abrió y apareció el joven más hermoso. Al verle, Lord St. Clair se quedó perplejo y, retrocediendo unos pasos y levantando las manos, dijo:

«¡Otro nieto! ¡Qué felicidad tan inesperada, descubrir en el espacio de tres minutos el mismo número de descendientes! Seguro estoy de que se trata de Philander,

el hijo de la tercera hija de mi Laurina, la amable Berta; solo falta la presencia de Gustavus para completar la unión de los nietos de mi Laurina».

«¡Y aquí está!», dijo un joven agraciado, que en ese momento entraba en la habitación. «Aquí está el Gustavo que deseabais ver. Soy el hijo de Agatha, la cuarta y más joven de las hijas de Laurina».

«En verdad lo eres. Pero, dime, ¿tengo más nietos en la casa?», replicó Lord St. Clair.

«Ninguno más, mi señor», respondió.

«Entonces, me ocuparé de vosotros sin más demora. Aquí tenéis cuatro billetes de 50 libras cada uno. Tomadlos y recordad que he cumplido con el deber de un abuelo», pronunció.

Y, dicho esto, salió enseguida de la habitación, e inmediatamente después de la posada.

Adiós.

LAURA

DUODÉCIMA CARTA

De Laura para Marianne

Puedes imaginarte la enorme sorpresa que nos causó la repentina marcha de Lord St. Clair.

«¡Nobleza sin honor!», exclamó Sophia.

«¡Abuelo indigno!», dije yo.

Tras lo cual, nos desmayamos la una en los brazos de la otra. Cuánto tiempo permanecimos en esa situación, no lo sé; pero cuando nos recuperamos, nos encontramos solas, sin Gustavo, sin Philander y sin los billetes. Empezábamos a lamentar nuestro desgraciado destino cuando la puerta de la habitación se abrió y anunciaron a «Macdonald». Se trataba del primo de Sophia.

La rapidez con la que había venido en nuestro auxilio, tan pronto recibió nuestra nota, hablaba tan bien a su favor que no dudé en juzgarlo a primera vista como un amigo tierno y simpático. ¡Ay, qué poco merecía ese nombre! Pues, aunque nos dijo que se sentía muy preocupado por nuestras desgracias, parecía que estas no le habían provocado ni un solo suspiro, ni le habían inducido a lanzar una maldición contra nuestra mala suerte. Macdonald le dijo a Sophia que su hija esperaba que la llevara con él de regreso a Macdonald Hall, y que a mí, como amiga de su prima, también tendría gusto en verme. De modo que nos dirigimos a Macdonald Hall, donde fuimos recibidas con gran amabilidad por Janetta, la hija de Macdonald y señora de la mansión.

Janetta tenía entonces solo quince años; poseía una buena disposición natural; estaba dotada de un corazón sensible y era simpática. Si se hubieran fomentado adecuadamente, estas cualidades habrían sido un verdadero adorno en su naturaleza humana. Desgraciadamente, su padre no tenía un alma lo suficientemente elevada para admirar un carácter tan prometedor y se había esforzado con todos los medios a su alcance por evitar que sus buenas cualidades se desarrollaran con los años. En realidad, había eliminado de tal forma la noble y natural sensibilidad de su corazón, que incluso había conseguido que aceptara la propuesta de matrimonio de un joven de su recomendación. La boda debía celebrarse en pocos meses, y Graham estaba en la casa cuando llegamos. Enseguida nos dimos cuenta de la clase de persona que era: exactamente el tipo de hombre que hubiera elegido Macdonald. Decían que era sensible, culto y agradable; nosotras decidimos no juzgar tales nimiedades. Convencidas de que no tenía alma, de que nunca había leído "Las penas del joven Werther" y de que su pelo no se parecía en nada al de Auburn, pensamos que, con toda claridad, Janetta no podía sentir el menor afecto por él o, al menos, que no debía sentirlo. El mismo hecho de que el joven fuera la elección de su padre hablaba tanto en su contra que, incluso si en todo lo demás hubiese podido merecer ser su esposo, esa circunstancia debería ser motivo suficiente a los ojos de Janetta para rechazarlo. Decidimos exponerle estas consideraciones de una forma adecuada, sin dudar del éxito que obtendríamos ante una persona de naturaleza tan bien dispuesta, cuyos errores tan solo habían sido inducidos por falta de una apropiada confianza en sí misma y de un oportuno desdén por su padre.

Su respuesta fue todo lo favorable que habíamos esperado; no tuvimos ninguna dificultad en convencerla de que era imposible que amara a Graham y de que era su deber desobedecer a su padre. La única cosa que parecía hacerla dudar era nuestra convicción de que debía unirse a otra persona. Durante algún tiempo, declaró una y otra vez que no conocía a ningún joven por el cual sintiera el menor afecto; sin embargo, después de explicarle que aquello era imposible, terminó por afirmar que creía que el Capitán M'Kenzie le gustaba más que ningún otro. Esta confesión nos satisfizo y, después de enumerar las buenas cualidades de M'Kenzie y de asegurarle que estaba locamente enamorado de ella, deseamos saber si alguna vez este le había declarado su afecto.

«Además de que nunca me lo ha declarado, no tengo razones para creer que haya sentido nunca algo por mí», dijo Janetta.

«De que te adora, no hay ninguna duda», replicó Sophia. «El afecto debe de ser mutuo. ¿No te ha mirado nunca con admiración? ¿Alguna vez te ha apretado la mano con ternura, se le ha escapado una lágrima involuntaria y ha salido de la habitación de forma brusca?»

«Nunca, que yo recuerde», replicó ella. «Siempre ha salido de la habitación cuando su visita había terminado y no se ha marchado de forma brusca o sin hacer una reverencia antes».

«Sin duda, querida, debes estar equivocada», dije yo. «Porque es absolutamente imposible que se haya separado de ti sin confusión, desesperación y prisa. Piénsalo un momento, Janetta, y te convencerás de lo absurdo que es suponer que pudiera hacer una reverencia o comportarse

como cualquier otra persona».

Después de dejar este punto bien atado para nuestra satisfacción, el siguiente paso era determinar la forma en que debíamos informar a M'Kenzie de la favorable opinión que Janetta tenía de él. Finalmente, decidimos hacérsela saber por medio de una carta anónima, que Sophia redactó de la siguiente manera:

¡Oh, feliz amante de la bella Janetta! ¡Oh, envidiable poseedor de su corazón, cuya mano ha sido destinada a otro! ¿Por qué prolongas de esta forma la confesión de tu afecto al amable objeto del mismo? ¡Oh, considera que en pocas semanas habrá terminado toda esperanza que ahora puedas tener, al unirse la infortunada víctima de la crueldad de su padre al execrable y odioso Graham!

¡Ay! ¿Por qué favoreces tan cruelmente la miseria proyectada de su vida y de la tuya propia, retrasando esa confesión que sin duda te atormenta desde hace tiempo? Una unión secreta podrá asegurar de inmediato la felicidad de ambos.

Al recibir el billete, el encantador M'Kenzie, cuya modestia —como reconoció más tarde— había sido la única razón que le había hecho ocultar tanto tiempo la vehemencia de su afecto por Janetta, voló sobre las alas del amor a Macdonald Hall, y con tanta pasión le razonó su afecto a quien lo inspiraba que, después de pocas entrevistas privadas más, Sophia y yo experimentamos la satisfacción de verles partir hacia Gretna Green, lugar que eligieron antes que cualquier otro para la celebración de su boda, a pesar de que se encontraba a una distancia considerable de Macdonald Hall.

Adiós.

LAURA

DÉCIMOTERCERA CARTA

De Laura para Marianne

Habían pasado casi dos horas desde que se fueron, y ni Macdonald ni Graham sospecharon nada. Y no se habrían enterado de no ser por un pequeño accidente. Un día, Sophia, con su juego de llaves, abrió un cajón privado en la biblioteca de Macdonald. Descubrió que allí guardaba sus documentos importantes, incluyendo varios billetes de gran valor. Sophia me contó su hallazgo, y después de acordar que robarle a un canalla como Macdonald su dinero, probablemente ganado de forma deshonesta, sería un acto de justicia, decidimos que la próxima vez que alguna de las dos estuviera por allí, tomaría uno o dos billetes del cajón. Ya habíamos llevado a cabo este plan varias veces, pero ¡ay!, el mismo día de la fuga de Janetta, mientras Sophia se dedicaba a meter elegantemente un billete de cinco libras en su monedero, fue interrumpida de forma impertinente por la entrada brusca y precipitada del mismísimo Macdonald.

Sophia (que, a pesar de ser pura dulzura, podía, cuando la ocasión lo requería, hacer alarde de la dignidad de su sexo) adoptó inmediatamente una expresión amenazadora y, lanzando una mirada enfadada al impertérrito acusado, le preguntó de forma altiva:

«¿Por qué se ha visto mi retiro interrumpido de manera tan insolente?»

El imperturbable Macdonald, sin siquiera intentar disculparse por el crimen del que se le acusaba, se dedicó a reprochar a Sophia por robarle su dinero de forma tan indigna. Sophia se sintió herida en su dignidad.

«¡Canalla!», exclamó, volviendo a poner el billete en el cajón. «¿Cómo te atreves a acusarme de un acto cuya sola idea me hace sonrojar?»

El ruin canalla seguía sin convencerse y continuó recriminando a la justamente ofendida Sophia con un lenguaje tan lamentable que, finalmente, la encantadora dulzura de su naturaleza se vio provocada en exceso y la indujo a vengarse de él, informándole de la fuga de Janetta y del papel tan activo que ambas habíamos tenido en el asunto. En ese momento de la disputa, entré en la biblioteca y, como te puedes imaginar, me sentí tan ofendida como Sophia ante las retorcidas acusaciones del malévolo y despreciable Macdonald.

«¡Ruin villano! ¿Cómo se atreve a ensuciar la inmaculada reputación de una mujer tan excelsa y brillante? ¿Y por qué no sospecha igualmente de mi inocencia?», grité.

«Tranquilícese a ese respecto, señora», replicó él. «Y permítame que le diga que sí lo sospecho y que, por lo tanto, deseo que ambas abandonen esta casa en menos de media hora».

«Lo haremos encantadas», contestó Sophia. «Hace mucho tiempo que nuestros corazones sienten un gran odio por usted, y nada salvo nuestra amistad por su hija nos ha retenido tanto tiempo bajo su techo.

«Su amistad por mi hija ha quedado enormemente ejemplificada, al haberla arrojado en los brazos de un vulgar cazafortunas», replicó él.

«Sí. Entre tantas desgracias, pensar que, por medio de este acto de amistad hacia Janetta, no tenemos ya ninguna obligación con su padre, nos proporcionará sin

duda cierto Consuelo», pronuncié yo.

«No dudo que para sus mentes elevadas, este sea un pensamiento muy gratificante», dijo él.

Tan pronto como empacamos nuestra ropa y nuestros objetos de valor, abandonamos Macdonald Hall. Después de caminar una milla y media, nos sentamos junto a la orilla de un arroyo claro y límpido para refrescar nuestros agotados miembros. El lugar se prestaba a la meditación. Un bosque de grandes olmos nos protegía del este. Un lecho de grandes ortigas, del oeste. Ante nosotras corría el arroyo susurrante y a nuestra espalda pasaba la carretera. Nuestro estado de ánimo se inclinaba a la contemplación y a disfrutar de la belleza del lugar. El silencio que reinó entre nosotras por algún tiempo se rompió por fin cuando exclamé:

«¡Qué escena tan bonita! ¡Ay! ¿Por qué no estarán Edward y Augustus aquí para disfrutar de esta belleza con nosotras?»

«¡Ah, mi adorada Laura!», exclamó Sophia. «Ten piedad de mí y evita traer a mi recuerdo la desdichada situación de mi esposo encarcelado. ¡Ay, qué no daría yo por conocer el destino de mi Augustus! ¡Por saber si todavía está en Newgate o si ya lo han colgado! Pero mi tierna sensibilidad me lo impide y no soy capaz de indagar sobre su estado. ¡Oh, te ruego que nunca más me obligues a escuchar su adorado nombre! ¡Me afecta tan profundamente! ¡No puedo soportar la idea de volver a escucharlo! ¡De tal forma hiere mis sentimientos!»

«Perdona, Sophia, por haberte herido de esta forma sin querer», repliqué yo. Y después de cambiar de conversación, le pedí que admirara la noble grandeza de los olmos que nos protegían del céfiro del este.

«¡Ay, mi Laura!» volvió a exclamar. «¡Evita hablar de un tema tan melancólico, te lo ruego! No vuelvas a herir mi sensibilidad con observaciones sobre esos olmos. Me recuerdan a Augustus. Él era como esos árboles: alto, majestuoso, poseía esa noble grandeza que tú admiras en ellos».

Me quedé en silencio, temerosa de perturbarla involuntariamente hablando de algún tema que pudiera recordarle a Augustus.

«¿Por qué no hablas, mi Laura?», dijo tras una breve pausa. «No puedo soportar este silencio. No me dejes sola con mis reflexiones, porque todas giran en torno a Augustus».

«¡Qué cielo tan bonito!», dije yo. «¡De qué forma tan encantadora el azul se rompe con delicadas franjas de blanco!

«¡Oh, mi Laura!», replicó ella, desviando inmediatamente sus ojos de una fugaz visión del cielo. «¡No me aflijas así, llamando mi atención sobre un objeto que tan cruelmente me recuerda el chaleco de satén azul con franjas blancas de mi Augustus! Ten piedad de tu desdichada amiga y evita un tema tan perturbador para ella».

¿Qué podía hacer? Los sentimientos de Sophia eran en ese momento tan exquisitos, y la ternura que sentía por Augustus tan intensa, que no me atrevía a conversar sobre nada, temiendo con razón que el tema pudiera despertar en ella, de alguna forma imprevisible para mí, toda su sensibilidad, dirigiendo sus pensamientos hacia su esposo. Y, sin embargo, permanecer en silencio era cruel, ya que me había pedido que hablara.

Por suerte, un accidente muy oportuno vino a librarme de este dilema: el faetón de un caballero volcó felizmente en la carretera que se encontraba a nuestra espalda. El accidente fue muy afortunado porque apartó la atención de Sophia de las melancólicas reflexiones en las que se había enfrascado.

Abandonando al instante nuestro asiento, corrimos a rescatar a aquellos que, solo unos minutos antes, ocupaban una situación tan elevada —viajando como viajaban en un alto faetón muy a la moda— y que ahora yacían en el suelo, cubiertos de polvo.

«¡Qué gran tema de reflexión sobre los inciertos placeres de este mundo hubiesen sugerido ese faetón y la vida del cardenal Wolsey a una cabeza pensadora!», le dije a Sophia, mientras corríamos hacia el campo de batalla.

Sophia no tuvo tiempo de contestarme porque todos sus pensamientos estaban ahora centrados en el horrible espectáculo que teníamos ante nosotras. La imagen de dos caballeros, vestidos con gran elegancia, que se revolcaban en su propia sangre fue la primera que vieron nuestros ojos. Nos acercamos. ¡Eran Edward y Augustus! ¡Sí, mi queridísima Marianne, se trataba de nuestros esposos!

Sophia lanzó un grito y se desmayó sobre la tierra. Yo grité y me volví loca en un instante. Así, privadas de nuestros sentidos, permanecimos durante algunos minutos, solo para, al recuperarlos, vernos privadas de ellos de nuevo. Esta desdichada situación se prolongó por espacio de una hora y cuarto. Sophia se desmayaba a cada instante y yo enloquecía como ya había hecho antes. Por fin, un lamento del desventurado Edward (el único a quien le quedaba un soplo de vida) nos devolvió a la realidad. Si hubiéramos imaginado que alguno de los dos estaba vivo todavía, seguramente habríamos reservado parte de nuestro dolor, pero como, al verlos por primera vez, supusimos que habían muerto, pensamos que lo único que podíamos hacer era dedicarnos a lo que nos dedicamos.

Tan pronto como escuchamos el lamento de mi Edward, y posponiendo nuestras lamentaciones por el momento, corrimos sin pausa hacia el querido joven y, arrodillándonos una a cada lado de él, le imploramos que no muriera.

«Laura, me temo que he tenido un accidente», dijo, fijando sus ahora lánguidos ojos en mí.

Yo me sentí felicísima de comprobar que todavía razonaba.

«¡Oh!, dime, Edward», dije yo. «Te ruego que me digas antes de morir qué fue lo que sucedió después del desdichado día en que Augustus fue arrestado y nos separamos».

«Lo haré», dijo él. Y, dejando escapar un profundo suspiro, expiró.

Sophia cayó inmediatamente en un nuevo desmayo. Mi dolor se hizo más audible; mi voz tembló, mis ojos adquirieron una mirada vacía, mi rostro se puso pálido como la muerte y mis sentidos se vieron considerablemente deteriorados.

«No me hables de los faetones», dije yo, desvariando de forma frenética e incoherente. «Dame un violín. Tocaré para él y le tranquilizaré en sus horas melancólicas. ¡Tened cuidado, vosotras, dulces ninfas, de los dardos de Cupido! ¡Esquivad las aceradas lanzas de Júpiter! ¡Mirad el bosque de los abetos! ¡Veo una pierna de cordero! ¡Me dijeron que Edward no estaba muerto, pero me engañaron! ¡Le confundieron con un pepino!»

Y así continué, gritando salvajemente por la muerte de

mi Edward. Así desvarié locamente durante dos horas, y no me hubiera detenido nunca —porque no estaba cansada en absoluto— de no haber sido porque Sophia, que acababa de despertarse de su desmayo, me rogó que considerara que la noche se acercaba y que comenzaba a haber humedad.

«¿Y adónde nos dirigiremos para protegernos de ambas cosas?», dije yo.

«A esa casa blanca», replicó ella, señalando un bonito edificio que se elevaba por encima del bosque de olmos y en el que yo no había reparado antes.

Yo me mostré de acuerdo y enseguida nos dirigimos hacia allí. Llamamos a la puerta y nos la abrió una anciana. Tras preguntarle si nos podría dar alojamiento por una noche, nos informó de que su casa era muy pequeña y de que solo tenía dos dormitorios; sin embargo, nos ofrecía uno de ellos. Satisfechas, acompañamos a la buena mujer al interior de la casa, donde nos vimos gratamente reconfortadas por la visión de un agradable fuego. La mujer era viuda y tenía solo una hija de diecisiete años. Una de las mejores edades, sin duda, pero ¡ay!, era bastante tonta y se llamaba Bridget. Nada, por tanto, podía esperarse de ella: ni ideas exaltadas, ni sentimientos delicados, ni una sensibilidad refinada. No era sino una simple joven de buen carácter, educada y bien dispuesta. Como tal, era difícil que nos disgustase: solo podía ser objeto de desdén.

Adiós.

LAURA

DÉCIMOCUARTA CARTA

De Laura para Marianne

Ármate, mi amable y joven amiga, de toda la filosofía de que seas capaz y reúne toda la fortaleza que poseas, porque, ¡ay!, en el transcurso de las próximas páginas, tu sensibilidad será puesta a prueba con la máxima dureza. ¡Ah, las desgracias que había experimentado hasta entonces y que te he relatado, qué eran comparadas con la que me propongo contarte ahora! La muerte de mi padre, de mi madre y de mi esposo, a pesar de ser más de lo que mi dulce naturaleza podía soportar, eran simples bagatelas en comparación con la desgracia que paso a relatarte.

A la mañana siguiente de nuestra llegada a la casa, Sophia se quejó de un dolor violento en sus delicados miembros, dolor que se acompañaba de una desagradable jaqueca. Ella atribuyó este malestar al frío que había cogido durante sus constantes desmayos al aire libre y al rocío que cayera la noche anterior. Mucho me temí que, efectivamente, ese fuera el caso. No podía ser de otra manera: si yo no padecía los mismos síntomas era sin duda porque el gran ejercicio físico que había llevado a cabo en mis ataques de locura había calentado y hecho circular mi sangre de forma muy efectiva, protegiéndome de la fría humedad de la noche; mientras que Sophia, totalmente inactiva en el suelo, debió de exponerse a todo su rigor. Su enfermedad me alarmó muy seriamente. Si a tus ojos quizás aparezca como algo sin importancia, una especie de sensibilidad instintiva me susurró que aquello podía tener un desenlace fatal.

¡Ay, mis temores eran más que justificados! Sophia empeoró gradualmente, y yo me sentía cada vez más alarmada por su estado. Por fin, se vio obligada a permanecer confinada todo el tiempo en la cama que nuestra generosa casera nos había asignado; su enfermedad se agravó de forma galopante y en pocos días acabó con ella. En medio de todas mis lamentaciones (y podrás imaginar que eran muy vehementes), no dejé de recibir cierto consuelo del hecho de haberla atendido en todo momento durante su enfermedad. Había llorado sobre ella todos los días; había bañado con mis lágrimas su dulce rostro y había tomado constantemente sus manos entre las mías.

«Mi adorada Laura», me dijo pocas horas antes de morir. «Toma ejemplo de mi desdichado final y evita la conducta imprudente que lo ha ocasionado... Ten cuidado con los desvanecimientos... Aunque al principio puedan parecer reconfortantes y agradables, al final, sobre todo si se repiten demasiado y en estaciones poco apropiadas, son destructivos para el organismo... Mi destino te enseñará esta lección... Muero, mártir de mi dolor por la pérdida de mi Augustus... Un desmayo fatal me ha costado la vida... Ten cuidado con los desmayos, querida Laura... Un ataque de frenesí no es ni la cuarta parte de pernicioso; es un ejercicio físico y, si no es demasiado violento, me atrevería a decir que incluso tiene consecuencias favorables para la salud. Enloquece cuantas veces quieras, pero no te desmayes...»

Estas fueron las últimas palabras que me dirigió en vida... Fue el último consejo a su afligida Laura, quien lo ha seguido fielmente desde entonces.

Después de acompañar a mi llorada amiga hasta su última morada, abandoné inmediatamente (aunque la noche estaba avanzada) la odiosa aldea en la que había muerto y en la que habían expirado mi esposo y Augustus. No había caminado un largo trecho cuando pasó por mi lado un coche de postas, en cuyo interior tomé asiento enseguida, decidida a continuar mi camino hasta Edimburgo, lugar donde confiaba en encontrar a algún amigo piadoso que pudiera recibirme y consolarme de mis aflicciones. La oscuridad era tan grande que, al entrar en el coche, no pude distinguir el número de sus ocupantes. Solo pude percibir que eran muchos. En cualquier caso, ajena a su presencia, me entregué a mis tristes reflexiones. El silencio era la nota dominante, un silencio solo roto por los profundos y sonoros ronquidos de un miembro de la compañía.

«¡Qué patán analfabeto debe de ser ese hombre!» pensé para mis adentros. «¡Qué falta total de delicadeza y de refinamiento debe de tener una persona capaz de destrozar nuestros sentidos con un ruido tan brutal! ¡Estoy segura de que es capaz de las peores acciones! ¡Seguro que no hay crimen, por terrible que sea, que un personaje como este no sea capaz de perpetrar!»

Así razonaba para mis adentros y, sin duda, aquellas debían de ser las reflexiones de mis compañeros de viaje.

Por fin, la luz del día me permitió contemplar al villano sin conciencia que había perturbado tan violentamente mis sentimientos. Se trataba de Sir Edward, el padre de mi fallecido esposo. A su lado, se sentaba Augusta y, en el mismo asiento, iban sentadas tu madre y Lady Dorothea. Imagina mi sorpresa al encontrarme así sentada entre mis antiguos conocidos. Si mi perplejidad ya era grande, esta se vio en gran medida aumentada cuando, al mirar por la ventanilla, descubrí al esposo de Philippa y a la misma Philippa sentada a su lado, sobre el pescante, y cuando, al mirar hacia atrás, vi a Philander y a Gustavus en el asiento exterior.

«¡Oh, cielos!», exclamé. «¡Es posible que tan inesperadamente me vea rodeada de mis familiares y mis conocidos más directos!»

Estas palabras despertaron al resto de la compañía, y todas las miradas se dirigieron a la esquina del coche en la que iba sentada.

«¡Oh, mi Isabel!», continué, arrojándome, por encima de Lady Dorothea, en sus brazos. «¡Recibe una vez más en tu seno a la infortunada Laura! ¡Ay, la última vez que nos vimos, en el valle de Uske, yo era feliz por haberme unido al mejor de los Edwards, tenía un padre y una madre, y no conocía la desdicha! Pero, ahora, privada de toda amistad salvo la tuya…»

«¡Cómo!», interrumpió Augusta. «¿Significa eso que mi hermano ha muerto? Dinos, te suplico, ¿qué ha sido de él?

«Sí, fría e insensible ninfa», repliqué yo. «Aquel infortunado zagal, tu hermano, ya no existe, y ahora puedes alegrarte de ser la heredera de la fortuna de Sir Edward».

Aunque la había despreciado desde el día en que escuché su conversación con mi Edward, me comporté civilizadamente y, ante los ruegos de Sir Edward y de ella misma, les prometí contarles todo el melancólico asunto. Ambos se sintieron muy afectados. Incluso el pétreo corazón de Sir Edward y el insensible de Augusta dieron muestras de haber sido tocados por el dolor de aquella historia. A petición de tu madre, hice un relato de todas las desgracias que habían recaído sobre mí desde que nos separamos. Y, así, hablé del encarcelamiento de Augustus y de la ausencia de Edward, de nuestra llegada a Escocia, del inesperado encuentro con nuestro abuelo y con nuestros primos, de nuestra visita a Macdonald Hall, de la singular ayuda que habíamos prestado a Janetta, de la ingratitud de su padre, de su inhumano comportamiento, de sus inexplicables sospechas y del salvaje trato que nos dispensara, obligándonos a abandonar la casa..., de nuestros lamentos ante la pérdida de Edward y de Augustus y, finalmente, de la triste muerte de mi adorada compañera.

La pena y la sorpresa aparecieron intensamente dibujadas en el rostro de tu madre durante todo el relato, aunque lamento decir que, para eterno reproche a su sensibilidad, la última predominó en todo momento. A pesar de que mi conducta había sido irreprochable en el transcurso de todas mis aventuras y desventuras, ella intentó ver faltas en mi comportamiento ante muchas de las situaciones en las que me había hallado. Segura como estaba de que había actuado siempre de una forma que reflejaba el honor de mis sentimientos y de mi refinamiento, presté poca atención a sus palabras y pasé a pedirle que, en vez de dedicarse a herir mi reputación sin tacha con reproches injustificables, satisficiera mi curiosidad y me explicara qué hacía allí. Tan pronto como hubo cumplido mis deseos sobre este particular y ofrecido un detallado informe sobre todo lo que le había acontecido desde nuestra separación (detalles que, si aún no conoces, puede dártelos a conocer tu madre), pedí a Augusta que hiciera lo propio con respecto a ella, a Sir Edward y a Lady Dorothea.

Augusta me dijo que, teniendo como tenía un conside-
rable gusto por las bellezas de la naturaleza, su curiosidad
por contemplar algunos paisajes como los que esta ex-
hibía en aquella parte del mundo se había visto intensi-
ficada por el libro "Viaje a las Tierras Altas" de Gilpin,
y que, por lo tanto, había convencido a su padre de que
hicieran un viaje por Escocia y persuadido a Lady Doro-
thea de que los acompañara. También me dijo que
habían llegado a Edimburgo unos días antes y que,
desde allí, habían hecho excursiones diarias al campo en
el coche de postas en el que nos encontrábamos. De una
de aquellas excursiones regresaban ahora.

Mis siguientes pesquisas se dirigieron entonces hacia
Philippa y su esposo. Del último supe que, habiendo
gastado toda la fortuna de ella, había recurrido como
medio de subsistencia a aquel talento en el que siempre
había destacado, a saber, el de la conducción; y que,
habiendo vendido todo lo que les había pertenecido, salvo
el coche, habían convertido este en diligencia, y que, para
evitar que algún día se lo arrebatara alguno de sus an-
tiguos conocidos, lo había llevado a Edimburgo, desde
donde iba a Stirling uno de cada dos días; y que Philippa,
quien aún sentía afecto por su desagradecido esposo, le
había seguido hasta Escocia y que, generalmente, le
acompañaba en sus pequeñas excursiones a Stirling.

«Desde nuestra llegada a Escocia, mi padre», continuó
Augusta, «ha viajado siempre en su coche para ver las
bellezas del país, solo para dejarles algo de dinero en los
bolsillos; porque, desde luego, hubiese sido mucho más
agradable para nosotros visitar las Tierras Altas en una
silla de postas, y no viajar de Edimburgo a Stirling y de

Stirling a Edimburgo un día sí y otro no, en una diligencia tan atestada de gente y tan incómoda».

Yo estuve totalmente de acuerdo con su punto de vista sobre el particular y culpé secretamente a Sir Edward por sacrificar el bienestar de su hija, a causa de una ridícula mujer mayor cuya estupidez —casarse con un hombre tan joven— solo merecía el reproche de todos. Su comportamiento, sin embargo, concordaba perfectamente con su carácter: qué otra cosa cabía esperar de un hombre que no poseía un solo átomo de sensibilidad, que desconocía el significado de la palabra simpatía casi por completo, y que roncaba.

Adiós.

LAURA

DECIMOQUINTA CARTA

De Laura para Marianne

Cuando llegamos al pueblo donde íbamos a desayunar, decidí hablar con Philander y Gustavus. Con ese propósito, en cuanto bajé del carruaje, me dirigí al asiento exterior y les pregunté con gran amabilidad por su salud, expresándoles mi preocupación por lo incómodo de su situación. Al principio, parecieron confundidos al verme, temiendo sin duda que les reclamara el dinero que nuestro abuelo me había dado y del que ellos me habían privado tan injustamente. Sin embargo, al ver que no mencionaba nada del asunto, me invitaron a subir con ellos para poder conversar más cómodamente. Así lo hice y, mientras el resto del grupo se dedicaba a ingerir grandes cantidades de té verde y tostadas con mantequilla, nosotros nos deleitamos, de una forma mucho más refinada y sentimental, con una conversación íntima. Yo les conté todo lo que me había pasado en la vida y, a petición mía, ellos me relataron todos los incidentes de la suya.

«Como ya sabes, somos los hijos de las dos hijas pequeñas que Lord St. Clair tuvo con Laurina, una bailarina de ópera de origen italiano. Ninguna de nuestras madres llegó a estar nunca del todo segura de la identidad de nuestros padres; aunque se cree que Philander es hijo de un tal Philip Jones, albañil, y que mi padre era Gregory Staves, un fabricante de corsés de Edimburgo. Esto, sin embargo, no tiene demasiada importancia porque, como nuestras madres nunca se casaron con ellos, no deshonraron nuestra sangre, que es de la más pura y antigua.

Bertha (la madre de Philander) y Agatha (mi propia madre) vivieron siempre juntas. Ninguna de las dos era demasiado rica. Originalmente, sus fortunas juntas sumaban nueve mil libras, pero como siempre hicieron buen uso de ellas, cuando teníamos quince años, se habían reducido a novecientas. Estas novecientas estaban siempre guardadas en el cajón de una de las mesas del salón, para que estuvieran siempre a mano. Movidos por lo fácil que era cogerlas, por un deseo de independencia o por un exceso de sensibilidad (que siempre hemos tenido de manera notable), es difícil de saber, lo que es seguro es que, al cumplir los 15 años, cogimos las novecientas libras y nos escapamos».

Y continuó:

«Una vez con el dinero en la mano, decidimos dividirlo en nueve partes. La primera la destinamos a la comida, la segunda a la bebida, la tercera al alojamiento, la cuarta al transporte, la quinta a los caballos, la sexta a los criados, la séptima a los entretenimientos, la octava a la ropa y la novena a las hebillas de plata. Después de distribuir nuestros gastos para dos meses de esta forma (porque esperábamos que las novecientas libras nos duraran ese tiempo) nos dirigimos rápidamente a Londres y tuvimos la buena suerte de gastarlo en siete semanas y un día, es decir, seis días antes de lo que habíamos previsto. En cuanto nos libramos del peso de tanto dinero, empezamos a pensar en volver al lado de nuestras madres, pero tras oír por casualidad que ambas habían muerto de hambre, abandonamos la idea y decidimos unirnos a una compañía de actores ambulantes, ya que siempre habíamos sentido cierta inclinación por los escenarios. Así, ofrecimos nuestros servicios a una y fuimos aceptados.

Nuestra compañía era en verdad pequeña, reduciéndose al director, a su esposa y a nosotros mismos. Claro que así éramos menos a pagar. El único inconveniente era la gran escasez de obras que podíamos representar, escasez debida a la falta de actores para interpretar papeles.

En cualquier caso, nosotros no nos preocupamos por ese tipo de nimiedades. Una de nuestras actuaciones de mayor éxito fue Macbeth, en la que ambos estábamos realmente magníficos. El director interpretaba siempre a Banquo; su esposa a Lady Macbeth; yo interpretaba a las tres brujas y Philander al resto. A decir la verdad, esta tragedia no fue solo la mejor, sino también la única obra que representamos; y, después de haberla llevado por los escenarios de toda Inglaterra y del País de Gales, vinimos a Escocia para cubrir el resto de Gran Bretaña. Casualmente, nos encontrábamos acuartelados en aquel pueblo al que llegaste y donde conociste a tu abuelo. Cuando su coche entró en el patio de la posada, reconociendo el escudo de armas al que pertenecía y sabiendo que Lord St. Clair era nuestro abuelo, decidimos intentar sacarle algo descubriéndole nuestro parentesco. Ya conoces el éxito que tuvimos en esta empresa. Después de obtener las doscientas libras, abandonamos inmediatamente el pueblo, dejando que nuestro director y su esposa interpretaran Macbeth ellos solos, y tomamos la carretera de Stirling, donde gastamos nuestra pequeña fortuna con gran esplendor. Ahora, nos dirigimos hacia Edimburgo con la intención de medrar en nuestra carrera interpretativa. Y esta es, mi querida prima, nuestra historia».

Después de agradecer a los amables jóvenes su entretenido relato y de expresar a ambos mis mejores deseos de bienestar y felicidad, los dejé en su pequeño habitáculo y volví al lado de mis otros amigos, quienes me esperaban con impaciencia. Y así, mi queridísima Marianne, mis aventuras tocan casi a su fin; al menos por el momento.

Cuando llegamos a Edimburgo, Sir Edward me dijo que, como viuda de su hijo, deseaba que aceptase de sus manos cuatrocientas libras al año. Yo le prometí indulgentemente que lo haría, aunque no pude evitar darme cuenta de que el antipático barón lo hacía más por el hecho de que fuese viuda de Edward que por el de ser la refinada y amable Laura.

Instalé mi residencia en una romántica aldea de las Tierras Altas escocesas en la que vivo desde entonces y donde, libre de visitas indeseables, puedo abandonarme, en melancólica soledad, a llorar incesantemente las muertes de mi padre, de mi madre, de mi esposo y de mi amiga.

Augusta lleva varios años unida a Graham, el hombre que mejor conviene a su personalidad, y al que conoció durante su estancia en Escocia.

Con la esperanza de tener un heredero para su título y para su fortuna, Sir Edward se casó al mismo tiempo con Lady Dorothea. Sus deseos se han visto cumplidos.

Con su reputación aumentada tras sus actuaciones en el Theatrical Line de Edimburgo, Philander y Gustavus se mudaron a Covent Garden, donde todavía actúan bajo los nombres de Lewis y Quick.

Philippa hace tiempo que pagó su deuda con la naturaleza. Por otra parte, su esposo sigue conduciendo la diligencia de Edimburgo a Stirling.

Adiós, mi queridísima Marianne.

LAURA
13 de junio de 1790

EL CASTILLO DE LESLEY

Novela inacabada en forma de Epistolario

Al Caballero Henry Thomas Austen

Dedicatoria de la autora:
Querido señor,
Me tomo la libertad, que tantas veces me ha concedido, de dedicarle una de mis novelas. Me temo que esta obra está sin terminar y, peor aún, que probablemente nunca lo esté. Sé que lo que he escrito hasta ahora puede parecer insignificante e indigno de usted, y eso me preocupa.
Aun así, con todo mi agradecimiento y humildad,

La autora

Orden de pago
A los señores Empleados de Demanda y Cía.:
Por favor, paguen a la Señorita Jane Austen la suma de cien guineas por orden de su humilde servidor.

H. T. AUSTEN

£105.00

PRIMERA CARTA

De Margaret Lesley a Charlotte Lutterell

Castillo de Lesley, 3 de enero de 1792
Mi hermano acaba de irse.
«Estoy seguro de que Matilda, Margaret y tú cuidaréis
muy bien de mi adorable pequeña, y de que le daréis
lo que habría recibido de una madre indulgente,
cariñosa y amable», nos dijo al marcharse.
Las lágrimas rodaban por sus mejillas mientras decía
esto, y el recuerdo de esa mujer que tan caprichosa-
mente había fallado como madre y violado sus deberes
como esposa, le impidió decir nada más. Después de
abrazar a su dulce hija y de despedirse de Matilda y
de mí, se separó bruscamente de nosotras, se subió a su
calesa y se dirigió a Aberdeen.
¡Nunca hubo un joven más bueno! ¡Qué poco se
merecía la desdicha que vivió en su matrimonio! ¡Un
esposo tan bueno para una esposa tan mala! Debes saber,
mi querida Charlotte, que la indigna Louisa aban-
donó a su esposo, a su hija y su reputación hace unas
semanas en compañía del señor Deshonor Danvers.
¡Nunca hubo una cara más bonita, una figura más
encantadora y un corazón más cruel que los de Louisa!
Su hija ya tiene los atractivos físicos de su desdichada
madre. ¡Espero que herede el carácter de su padre! Lesley
solo tiene 25 años y ya está sumido en la melancolía y
la desesperación. ¡Qué diferencia entre él y su padre!
Sir George tiene 57 y sigue siendo el atractivo mozo, el

muchacho alegre y el joven vivaz que su hijo era hace unos cinco años, y que él ha sido desde que lo recuerdo. Mientras nuestro padre corretea alegre y despreocupadamente por las calles de Londres a los 57, Matilda y yo continuamos apartadas de la sociedad en nuestro viejo y polvoriento castillo, situado a dos millas de Perth, sobre una imponente roca desde la que se domina una extensa vista del pueblo y de sus preciosos alrededores.

Sin embargo, aunque vivimos separadas de casi todo el mundo (porque solo visitamos a los M'Leod, a los M'Kenzie, a los M'Pherson, a los M'Cartney, a los M'donald, a los M'Kinnon, a los M'lellan, a los M'Kay, a los Macbeth y a los Macduff), no somos ni aburridas ni tristes. Al contrario, nunca ha habido dos chicas más alegres, agradables e ingeniosas que nosotras, y no hay una sola hora del día que nos pese. Leemos, trabajamos, paseamos y, cuando nos cansamos de estas ocupaciones, nos animamos con una canción alegre, un baile elegante, una ocurrencia o una charla ingeniosa. Somos bellas, mi querida Charlotte, muy bellas, y la mayor de nuestras virtudes es que nos comportamos como si no lo supiéramos.

Pero ¿por qué me detengo a hablar de mí misma? Permíteme, en su lugar, hacer aquí un retrato de nuestra querida sobrinita, la inocente Louisa, que en este momento sonríe dulcemente mientras duerme una pequeña siesta en el sofá. La adorable criatura acaba de cumplir dos años y es tan bonita como una de 22, tan inteligente como una de 32 y tan prudente como una de 42. Para convencerte de esto, debo informarte de que tiene un cutis y unas facciones muy bonitas, de que ya conoce las dos primeras letras del abecedario y de que nunca estropea sus vestidos. Si todavía no te he convencido de su belleza, inteligencia y prudencia, no hay nada que pueda añadir para apoyar esta afirmación y, si quieres opinar sobre el asunto, tendrás que venir al Castillo de Lesley, donde, en contacto directo con Louisa, podrás decidir por ti misma.

¡Ah, mi querida amiga, qué feliz me haría verte entre estos venerables muros! Ya han pasado cuatro años desde que mi salida del colegio me separó de ti. Es algo muy conmovedor que dos corazones tan tiernos e íntimamente unidos por los lazos de la simpatía y la amistad se hayan visto así, tan lejos el uno del otro. Yo vivo en Perthshire, tú en Sussex. Podríamos vernos en Londres, si mi padre quisiera llevarme y si tu madre se encontrara allí al mismo tiempo. Podríamos vernos en Bath, en Tunbridge o en cualquier otro sitio, si pudiéramos coincidir en el mismo lugar. Solo nos queda confiar en que ese momento llegue alguna vez. Mi padre no volverá a nuestro lado hasta otoño; mi hermano dejará Escocia en pocos días, deseoso de viajar. ¡Qué joven tan equivocado! ¡Qué vanamente sueña que un cambio de aires pueda curar las heridas de un corazón roto!

Estoy segura, mi querida Charlotte, de que te unirás a mis oraciones para que el desdichado Lesley recupere la paz de su alma, algo esencial para tu sincera amiga,

M. LESLEY

SEGUNDA CARTA

De Charlotte Lutterell a Margaret Lesley (como respuesta)

Glenford, 12 de febrero
Mi queridísima Peggy,
Te pido mil perdones por el retraso en responder a tu amable carta. Debes creerme, no habría tardado tanto si no fuera porque, durante las últimas cinco semanas, todo mi tiempo ha estado ocupado en los preparativos de la boda de mi hermana. No me ha quedado ni un minuto para ti o para mí. Y ahora, lo que más me fastidia es que el compromiso se ha roto y todo mi trabajo no ha servido para nada.
Puedes imaginarte mi frustración cuando, después de haber trabajado día y noche para tener la comida de la boda a tiempo, y de haber asado buey, preparado cordero a la parrilla y guisado suficiente sopa para que la pareja de recién casados comiera durante toda la luna de miel, me encuentro con la mortificante noticia de que he estado asando, guisando y machacándome a mí misma sin ningún propósito. De verdad te digo, mi querida amiga, que no recuerdo haber sufrido una frustración igual a la que experimenté el lunes pasado, cuando mi hermana vino corriendo a mi encuentro, en la despensa, con la cara tan blanca como un pastel glaseado, y me dijo que Hervey se había caído de su caballo, se había roto el cráneo y que su médico había dicho que su vida corría peligro.

«¡Dios mío, no me digas!», exclamé yo. «¡Por todos los cielos! ¿Qué va a ser de toda esta comida? Es imposible que no se estropee una parte. En cualquier caso, podemos llamar al médico para que nos ayude. Creo que yo puedo encargarme de la carne; mi madre puede tomarse el caldo, y tú y el médico podéis acabar con el resto».

En este punto me detuve, al ver cómo mi pobre hermana se desplomaba, aparentemente sin vida, sobre uno de los arcones donde guardamos los manteles de lino. Inmediatamente, llamé a mi madre y a las doncellas, y al fin logramos reanimarla. En cuanto recuperó el conocimiento, expresó su determinación de reunirse con Henry de inmediato, y estaba tan decidida que fue con la mayor dificultad del mundo como conseguimos evitar que lo llevara a cabo. Por fin, más por la fuerza que por la persuasión, la convencimos de que entrara en su habitación; la metimos en la cama y, durante horas, estuvo allí presa de las más terribles convulsiones.

Mi madre y yo permanecimos con ella en la habitación y, siempre que un intervalo de cierta compostura en el comportamiento de Eloísa nos lo permitía, nos desahogamos con las más sentidas quejas sobre el terrible desperdicio que este suceso iba a causar en nuestras provisiones, y nos pusimos a elaborar un plan para deshacernos de la comida. Decidimos que lo mejor que podíamos hacer era empezar a comer inmediatamente. Así, ordenamos que nos trajeran el jamón y la caza, y pusimos en marcha nuestro Plan Devorador con gran presteza. Intentamos convencer a Eloísa de que se tomara un alita de pollo, pero no hubo forma. No obstante, se mostraba más tranquila que antes; las convulsiones habían cedido y se hallaba en un estado muy próximo a la total inconsciencia.

Intentamos animarla por todos los medios a nuestro alcance, pero fue inútil. Le hablé de Henry.

«Querida Eloísa, no tiene sentido llorar tanto por tan poca cosa», le dije, porque yo quería por todos los medios restarle importancia al asunto para consolarla. «Te ruego que no te preocupes más. De verdad que no me molesta lo más mínimo, y eso que tal vez sea una enorme carga, porque no solo tendré que comerme toda esa comida que ya he preparado, sino que, en caso de que Hervey se recuperara —lo que, por otra parte, no parece muy probable—, tendría que volver a prepararla, y si muriera —lo que supongo que sucederá—, tendré que preparar un banquete para cuando te cases con cualquier otro. De modo que, aunque ahora te aflija pensar en los sufrimientos de Henry, me atrevo a decir que morirá pronto, que su dolor desaparecerá y que tú volverás a estar bien; mientras que mi problema durará mucho más, ya que, después de todo lo que he trabajado, estoy segura de que tardaré más de dos semanas en vaciar la despensa».

Intenté consolarla de esta manera, con todos los medios a mi alcance, pero fue en vano. Por fin, como me di cuenta de que no me escuchaba, me callé; y, dejándola con mi madre, recogí los restos del jamón y del pollo y envié a William a interesarse por el estado de Hervey. No se creía que viviera muchas horas, y de hecho murió ese mismo día. Hicimos todo lo posible por comunicarle el triste acontecimiento de la forma más delicada; sin embargo, y a pesar de todas nuestras precauciones, el sufrimiento que le causó la noticia fue demasiado violento *para su conciencia, y permaneció durante muchas horas en un intenso delirio.*

Eloísa se encuentra todavía muy enferma y los médicos temen que su estado empeore aún más. Es por ello por lo que nos preparamos para viajar a Bristol, donde esperamos estar en el transcurso de la semana que viene.

Y, ahora, mi querida Margaret, déjame que te hable un poco de tus asuntos. En primer lugar, debo informarte de que, confidencialmente, se dice que tu padre va a casarse. Me cuesta creer en una noticia tan desagradable, pero, al mismo tiempo, no puedo negarle todo crédito. He escrito a mi amiga Susan Fitzgerald para que me informe sobre el asunto; una información que, estando en la ciudad, no dudo de que podrá facilitarme. No sé quién es la dama.

Creo que tu hermano ha hecho muy bien en decidirse a viajar; quizás el movimiento le ayude a mitigar los recuerdos de esos acontecimientos tan desagradables que tanto le han afligido últimamente.

Me alegra mucho saber que, aunque separadas del mundo, ni Matilda ni tú seáis aburridas o tristes. Que nunca experimentéis lo que es ser ninguna de las dos cosas es el deseo de tu sincera amiga,

C. L.

P. D.: Acabo de recibir la respuesta de mi amiga Susan, que te adjunto, y sobre la cual podrás sacar tus propias conclusiones.

Carta adjunta

Mi querida Charlotte:

*No podías haber pedido información sobre la boda de
Sir George Lesley a una persona más indicada. Puedo
asegurarte que Sir George se ha casado. Yo misma estuve
presente en la ceremonia. Espero no sorprenderte demasiado al firmar como tu afectuosa amiga...*

SUSAN LESLEY

TERCERA CARTA

De la Señorita Margaret Lesley a la Señorita C. Lutterell

Castillo de Lesley, 16 de febrero
Mi querida, Charlotte:
Ya me leí la carta que me mandaste y, después de pensarlo bien, te cuento mis conclusiones.
Si Sir George se casa de nuevo y tiene más hijos, nuestra herencia va a bajar un montón. Me preocupa que su nueva esposa sea una despilfarradora que lo anime a seguir con su estilo de vida fiestero, algo que, para ser sinceras, no necesita mucho y que, a mi parecer, ya le está pasando factura en su salud y en su bolsillo. Además, me fastidia que ella se quede con las joyas de mi madre, que Sir George siempre nos prometió.
No sé si vendrán a Perthshire. Si no lo hacen, me quedaré con la curiosidad de ver a mi madrastra; y si lo hacen, pobre Matilda, ya no podrá sentarse en la cabecera de la mesa.
Todo esto es lo que me vino a la cabeza cuando leí la carta de Susan, y a Matilda le pasó lo mismo. De verdad, no sé qué le preocupa más, si la posible reducción de la herencia o que su posición social disminuya.
Las dos morimos por saber si Lady Lesley es guapa y qué opinas de ella. Como es tu amiga, suponemos que debe de ser una buena persona.
Cambiando de tema, mi hermano ya está en París. Piensa irse a Italia en unos días. Sus cartas son súper animadas y dice que el aire francés le ha sentado de

maravilla para recuperarse del todo, tanto física como anímicamente. ¡Y lo mejor de todo es que ha superado a Louisa! Me escribió que ya no siente ni un poquito de pena ni afecto por ella, y que hasta se siente agradecido por su escapada, ¡porque le encanta volver a estar soltero! Como ves, ha recuperado su chispa y esa alegría tan particular que lo hacía tan encantador. ¡Recuerda que hace tres años, cuando conoció a Louisa, era uno de los chicos más divertidos y agradables!

Creo que no te sabes todos los detalles de cómo se conocieron. Fue en la casa de nuestro primo, el coronel Drummond, en Cumberland, donde mi hermano pasó las Navidades con solo 22 años.

Louisa Burton era hija de un pariente lejano de la señora Drummond que había muerto unos meses antes en la pobreza extrema, dejando a su hija de 18 años a cargo de quien quisiera ayudarla. La señora Drummond fue la única que se hizo responsable y Louisa cambió su humilde casa de Yorkshire por una elegante mansión en Cumberland, y las carencias por lujos y diversión.

Louisa era una chica astuta y de carácter fuerte, pero había aprendido a esconderlo bajo una capa de dulzura. Su padre le había enseñado a disimular, porque sabía que casarse era su única oportunidad de no morir de hambre. Creía que con su belleza, buenos modales y encanto, tenía muchas posibilidades de conquistar a un chico rico.

Louisa siguió los planes de su padre al pie de la letra. Se esforzó tanto por ocultar su verdadero yo que todos los que la conocían de cerca creían que era una persona inocente y dulce. Y así la conoció mi hermano, el desventurado Lesley. Su corazón, que (usando tu metáfora *favorita) era tan tierno como un pastel, no pudo resistirse a sus encantos. En pocos días, se enamoró perdidamente y en menos de un mes, ya estaban casados.*

Al principio, mi padre se enfadó por lo rápido e imprudente de todo, pero como se dio cuenta de que no le hacían caso, terminó aceptándolo. La propiedad que mi hermano heredó en Aberdeen (aparte de la de Sir George) era más que suficiente para que vivieran con todas las comodidades. Durante el primer año, Lesley no pudo ser más feliz y Louisa no pudo ser más amable. Actuaba tan bien su papel que, a pesar de que Matilda y yo nos quedamos con ellos varias semanas, ninguna sospechó de cómo era realmente.

Pero después de que nació su hija, Louisa, la máscara se le cayó de repente. Supongo que pensó que ya tenía a mi hermano asegurado (y, de hecho, su amor por ella pareció aumentar con el nacimiento de la bebé), así que dejó de esforzarse.

Nuestras visitas a Dunbeath se volvieron menos frecuentes y menos agradables. Además, a Louisa no parecía importarle que no fuéramos. Estaba mucho más contenta con Danvers, a quien había conocido en Aberdeen, que con Matilda y conmigo, ¡y eso que somos de lo más agradables!

El triste final de su matrimonio ya te lo sabes, así que no voy a repetirlo. Adiós, mi querida Charlotte. Aunque no te lo había dicho, quiero que sepas que me preocupa mucho lo de tu hermana. Estoy segura de que el aire de Bristol le hará mucho bien y la ayudará a olvidar a Henry. Con todo mi cariño,

M. L.

CUARTA CARTA

De la Señorita C. Lutterell a la Señorita M. Lesley

Bristol, 27 de febrero
Mi querida Peggy:
Acabo de recibir tu carta. Como me la mandaste a Sussex y yo estaba aquí en Bristol, tardó un montón en llegar, ¡justo ahora la tengo en mis manos!
Muchas gracias por contarme de nuevo la historia de cómo se conocieron y se casaron Lesley y Louisa. Aunque ya me la sabía de memoria, me entretuvo un montón volver a leerla.
Te cuento que nuestra despensa debe estar casi vacía. Dejamos instrucciones a los sirvientes para que comieran todo lo que pudieran y para que contrataran a dos ayudantes. Nosotras trajimos algo de comida fría de allá, como pastel de paloma, pavo, lengua y varios aspics, y con eso nos las arreglamos. Nuestra casera, su esposo y sus tres hijos nos ayudaron a terminarlo todo en menos de dos días.
La pobre Eloisa sigue igual de bajoneada. Me temo que el aire de Bristol, por muy sano que sea, no la ayuda a olvidarse del pobre Henry.
Me preguntas si tu nueva madrastra es guapa y amable, así que aquí te va una descripción completa de cómo es, tanto por fuera como por dentro. Es bajita y con una figura espectacular. Es pálida, pero usa mucho colorete. Tiene ojos y dientes bonitos (y se encarga de que te des cuenta de ello). En general, es muy atractiva.

Tiene buen carácter siempre que las cosas se hagan a su manera. Cuando no está de mal humor, es bastante alegre. Es derrochadora por naturaleza y no muy afectada. Solo lee las cartas que le mando y lo único que escribe son las respuestas a las mías. Toca el piano, canta y baila, pero no tiene ni pizca de gusto o talento en nada de eso. Eso sí, dice que le encanta.

Quizá te preguntes por qué soy amiga de alguien de quien hablo tan poco. Si te soy sincera, nuestra amistad es más un capricho de ella que por aprecio mío. Coincidimos dos o tres días en Berkshire en casa de una conocida. El clima era malísimo y el resto de los invitados eran súper aburridos, así que ella se encariñó un montón conmigo. Pronto eso se volvió amistad y ahora nos escribimos seguido.

Creo que ahora ya se debe haber cansado de mí tanto como yo de ella, pero somos demasiado educadas para admitirlo. Así que nuestras cartas siguen siendo tan frecuentes y cariñosas como siempre, y nuestra amistad tan "sincera" como el primer día.

Si te soy honesta, dudo mucho que se anime a dejar el ambiente de Londres y Brighthelmstone, que tanto le gusta, para ir a conocerte en tu melancólico castillo. A menos que tanto ajetreo le haya afectado la salud, podría ser que se anime a viajar a Escocia para recuperarse, aunque no la haga más feliz.

Y lamento decirte que, respecto a tus preocupaciones sobre el estilo de vida de tu padre, la herencia, las joyas de tu madre y el lugar de tu hermana en la mesa, me temo que tus sospechas están más que fundadas. Mi amiga tiene un patrimonio de cuatro mil libras, pero lo más probable es que gaste esa misma cantidad en ropa y viajes cada año. Además, no creo que haga nada por frenar a Sir George. Tengo motivos para creer que, si te queda algo de la herencia, serás muy afortunada.

En cuanto a las joyas, me imagino que se las quedará ella. Y todo apunta a que será ella quien presida la mesa de tu padre, no tu hermana. Pero, como sé que este tema te pone triste, no me extenderé más.

La enfermedad de Eloisa nos trajo a Bristol en una época poco habitual. Por eso, solo hemos podido conocer a una familia decente, los Marlowe. El señor y la señora Marlowe son muy agradables, y están aquí porque su hijo está un poco delicado. Como son las únicas personas con las que podemos hablar, nos hemos hecho muy cercanas. Nos vemos casi todos los días y ayer cenamos con ellos. La pasamos muy bien y la cena estuvo deliciosa, aunque la ternera estaba crudísima y al curry le faltaba sabor. No pude evitar pensar en lo mucho que me habría gustado sazonarlo.

Un hermano de la señora Marlowe, el señor Cleveland, también está de visita. Es un joven muy atractivo y se nota que lo sabe. Le dije a Eloisa que debería conquistarlo, pero no parece muy convencida. A mí me encantaría verla casada, y Cleveland tiene buena posición económica.

Quizás te preguntes por qué me preocupo por los planes de boda de mi hermana y no por los míos. Si te soy sincera, lo que más me gusta de una boda es organizar y dirigir el banquete. Por eso, mientras pueda, no pienso en casarme, pues estoy segura de que para mi propia boda no tendría ni la mitad del tiempo que tengo para las de mis parientes. Con todo mi afecto,

C. L.

QUINTA CARTA

De la señorita Margaret Lesley a la señorita Charlotte Lutterell

Castillo de Lesley, 18 de febrero
Mi querida amiga:
El mismo día que recibí tu carta, a Matilda le llegó una de Sir George desde Edimburgo. Nos escribió para decirnos que al día siguiente tendría el placer de presentarnos a Lady Lesley.
Como te puedes imaginar, nos sorprendió muchísimo, sobre todo después de tu descripción, que nos hizo pensar que era casi imposible que viajara a Escocia en esta época, cuando Londres debe estar en pleno apogeo.
Pero, como es nuestro deber mostrar alegría ante la "deferencia" de Sir George y Lady Lesley, que se dignan a venir a vernos, decidimos mandar una respuesta llena de felicidad. Menos mal que nos acordamos de que llegarían al castillo al día siguiente y que, por tanto, la carta no llegaría a mi padre a tiempo. Así que nos contentamos con hacerles creer que estábamos tan contentas como debíamos.
Al día siguiente, a las nueve de la noche, llegaron. Venían con uno de los hermanos de Lady Lesley, un tal señor Fitzgerald. Y sí, ella es tal cual la describiste, aunque a mí no me parece tan guapa como a ti. No es fea, pero hay algo tan vulgar en su figura menuda que, al lado de la elegancia y estatura de Matilda o mía, la hace parecer una enana insignificante.
Ahora que ya satisfizo su curiosidad (que debió ser

mucha para hacerla viajar más de 600 kilómetros),
empieza a mencionar sus ganas de volver a la ciudad
y nos ha pedido que la acompañemos. No podemos
negarnos, ya que es una orden de nuestro padre y el
señor Fitzgerald se unió a los ruegos, y la verdad es
que es uno de los chicos más agradables que he conocido.
Aún no se decide la fecha de partida, pero es seguro que
llevaremos a la pequeña Louisa con nosotras.
Adiós, mi querida Charlotte. Matilda y yo os envia-
mos nuestros mejores deseos a ti y a Eloísa.
Con cariño,

M. L.

SEXTA CARTA

De Lady Lesley a la Señorita Charlotte Lutterell

Castillo de Lesley, 20 de marzo
Mi querida amiga:
Llegamos aquí hace como dos semanas y ya me arrepiento de haber dejado nuestra preciosa casa en Portman Square por este castillo tan deprimente, viejo y en ruinas.
Está en una roca tan inaccesible que creí que tendrían que subirme con una cuerda. Apenas lo vi, me lamenté por la curiosidad que me había dado por conocer a mis hijas, una curiosidad que me obligó a entrar en esta prisión de forma tan peligrosa y ridícula.
Pero una vez dentro de este tremendo edificio, me consolé pensando que pronto me encontraría con dos chicas guapísimas, porque así me las describieron en Edimburgo. Y de nuevo, ¡sorpresa y decepción! Matilda y Margaret Lesley son dos chicas grandes, altas y, sin duda, demasiado desarrolladas; su tamaño solo es apropiado para un castillo casi tan grande como ellas.
No sabes cómo me gustaría, mi querida Charlotte, que pudieras ver a estas dos gigantas escocesas. Estoy segura de que te asustarían de muerte. Como su fealdad realza mi belleza, las he invitado a que me acompañen a Londres, adonde espero estar en unas dos semanas.
Además de estas dos señoritas, aquí vive una mocosa de mal genio que, al parecer, tiene algún parentesco con ellas. Me contaron quién era y me soltaron una larga historia sobre su padre y una tal señorita No Sé Qué, a

la que he olvidado por completo. Odio los escándalos y odio a los niños.

Desde que llegué, he sido víctima de una plaga de visitas aburridísimas de un grupo de escoceses infelices con nombres muy difíciles. Se portaron de forma tan formal, me hicieron tantas invitaciones y me amenazaron con volver, que no tuve más remedio que dejar claro que no. Supongo que no volveré a verlos, aunque la verdad es que mi familia aquí es tan aburrida que no sé qué hacer. Estas chicas no saben nada de música, solo tonadas escocesas; no tienen cuadros de paisajes, solo montañas escocesas; no tienen libros, solo poemas escoceses. ¡Y yo odio todo lo escocés!

Normalmente, me paso medio día en el tocador, lo que me encanta, pero ¿para qué arreglarme aquí si no hay nadie en la casa a quien quiera gustarle?

Acabo de tener una conversación con mi hermano que me ha ofendido muchísimo y, como no tengo nada mejor que escribirte, te cuento los detalles.

Verás, los últimos cuatro o cinco días he sospechado que William siente algo por mi hija mayor. Estoy segurísima de que si yo pudiera enamorarme de una mujer, jamás elegiría a Matilda Lesley, porque no hay nada que odie más que a las mujeres altas. Sin embargo, hay cosas inexplicables en los gustos de los hombres y, teniendo en cuenta que William mide casi dos metros, quizá no sea tan raro que prefiera a una chica alta.

Como quiero mucho a mi hermano, me dolería mucho que fuera infeliz, que es exactamente lo que va a pasar si no se casa con Matilda. Sus circunstancias económicas no le permiten casarse con una mujer sin fortuna. La de Matilda depende de su padre, quien no aprobará el matrimonio, y yo no voy a dar mi consentimiento para que le ceda una cantidad.

Así que, para ayudarlo a decidir si seguir su pasión o aceptar la desesperación, consideré que era buena idea contarle la verdad. Y, por lo tanto, esta mañana que estábamos solos en una de las horribles habitaciones de este castillo, le planteé el asunto así:

«Bueno, mi querido William, ¿qué te parecen estas chicas? Yo no las encuentro tan feas como esperaba. Aunque quizá pienses que soy parcial, siendo las hijas de mi esposo, y tal vez tengas razón. Se parecen tanto a Sir George que es natural pensar...»

«Mi querida Susan», me interrumpió con incredulidad. «¡No pensarás que se parecen lo más mínimo a su padre! ¡Él es feísimo! Perdona, se me había olvidado con quién estaba hablando...»

«¡Oh, no te preocupes!», le respondí. «Todo el mundo sabe que Sir George es horrible, y te aseguro que siempre me ha parecido espantoso».

«Me sorprenden tus palabras sobre Sir George y sus hijas», dijo William. «No es posible que veas a tu esposo tan falto de encanto como dices, y tampoco es posible que encuentres parecido entre él y las señoritas Lesley, quienes, a mi parecer, no se parecen a él en nada y son muy guapas».

«Si esa es tu opinión sobre las chicas, no sé cómo puedes defender la belleza de su padre, porque si ellas no se le parecen y son muy guapas, lo lógico es pensar que él es muy feo».

«Para nada», dijo él, «porque lo que puede ser bonito en una mujer puede ser muy desagradable en un hombre».

«¡Pero si hace solo unos minutos tú mismo aceptaste que era muy feo!» le repliqué.

«Los hombres no podemos juzgar la belleza de los de nuestro propio sexo», respondió él.

«Ni los hombres ni las mujeres pueden encontrar a Sir George siquiera aceptable», le dije yo.

«Bueno, bueno, no discutamos sobre su belleza; pero tu opinión sobre sus hijas es realmente singular, porque, si te entendí bien, ¡has dicho que no las encontrabas tan feas como esperabas!», pronunció él.

«¿Y qué tiene de raro? ¿Es que esperabas que fueran más feas todavía?», dije yo.

«Me cuesta creer que hables en serio», me contestó. «Cuando te refieres a ellas de esa manera. ¿Acaso no te parecen las señoritas Lesley dos chicas encantadoras?»

«¡Por Dios, claro que no!», exclamé. «¡Me parecen horribles!»

«¿¡Horribles!?», respondió él. «¡Mi querida Susan, es imposible que pienses algo así! ¿Podrías mencionar un solo rasgo de su cara que se pueda criticar?»

«¡Oh, por supuesto que sí!», le respondí. «Veamos, empezaré por la mayor... por Matilda. ¿Te parece bien, William?», y le lancé una mirada burlona para avergonzarlo.

«Se parecen tanto, que supongo que los defectos de una serán los de la otra», me respondió.

«Bien, en primer lugar, las dos son terriblemente altas».

«Sin duda, las dos son más altas que tú», dijo con una sonrisa insolente.

«No sé a qué te refieres», le respondí yo.

«Bueno», continuó él. «En caso de que sean más altas de lo normal, tienen una figura muy elegante, y en cuanto *a su cara, ¡tienen unos ojos tan bonitos!»*

«Es imposible encontrar elegancia en figuras tan grandes e imponentes, y en cuanto a sus ojos, son tan altas que me habría roto el cuello para mirárselos».

«¡Qué lástima!», replicó él. «Aunque quizá es mejor que no lo hagas, porque podrías quedar deslumbrada por su brillo».

«¡Sí, claro, es muy posible!», dije yo, en tono complaciente. Porque te aseguro, mi queridísima Charlotte, que no me sentí para nada ofendida, aunque, por lo que sigue, alguien podría pensar que William creía haberme molestado, ya que, tomándome la mano, me dijo:

«¡No te pongas tan seria, Susan, o me harás pensar que te he ofendido!»

«¿A mí? Querido hermano, ¿cómo has podido suponer algo así?», le contesté yo. «¡Por supuesto que no! Te aseguro que no me sorprende en absoluto tu apasionada defensa de la belleza de estas chicas...»

«Está bien», me interrumpió William, «pero recuerda que no hemos terminado nuestra discusión sobre ellas. ¿Qué defecto puedes encontrar en su cutis?»

«Son terriblemente pálidas», repliqué.

«Siempre tienen un poco de color y, además, después de hacer ejercicio, se les ruborizan las mejillas», dijo él.

«De acuerdo, pero no sé cómo iban a subirles los colores si alguna vez se les ocurre llover en este lugar, a no ser que se diviertan corriendo por estas horribles y viejas galerías y antesalas».

«Bien», replicó mi hermano, fastidiado y lanzándome una mirada atrevida. «Si tienen poco color, al menos es todo suyo».

Esto ya fue demasiado, mi querida Charlotte, porque

estoy segura de que con esa mirada insolente pretendía poner en duda la realidad del mío. Aunque sé bien que, si escucharas una falsedad tan cruel como esa, me defenderías; pues a menudo has sido testigo de lo mucho que desapruebo el colorete y siempre me has oído decir que no me gusta. Puedo asegurarte, además, que mi opinión sigue siendo la misma.

Como las sospechas de mi hermano eran más de lo que podía soportar, salí de la habitación inmediatamente y desde entonces estoy en mi tocador, desde donde te escribo.

¡Qué carta tan larga me ha salido! Por favor, no esperes cartas tan largas desde la ciudad, porque solo en el castillo de Lesley una tiene tiempo de escribir, incluso a una Charlotte Lutterell.

Me sentí tan humillada por la mirada de William que no tuve la paciencia de quedarme a aconsejarle sobre su interés por Matilda, cuando solo ese gesto de amor fraternal me había llevado a empezar la conversación. Ahora, estoy tan convencida de la gran pasión que siente por ella que, estoy segura, no va a razonar sobre el tema. Así que no pienso molestarme más por él ni por su favorita.

Adiós, mi querida niña.

Tu afectuosa amiga,

SUSAN L.

SÉPTIMA CARTA

De la Señorita C. Lutterell a la Señorita M. Lesley

Bristol, 27 de marzo
Querida Peggy
Esta semana me llegaron una carta tuya y otra de tu
madrastra, y me hicieron mucha gracia. Es obvio que
las dos están celosas de la belleza de la otra. Es absurdo
que dos mujeres guapas, aunque sean madre e hija, no
puedan vivir bajo el mismo techo sin competir por
quién es más bonita. ¡Por favor, asuman que las dos lo
son y olviden el tema!
Supongo que debo enviar esta carta a Portman Square,
donde seguramente no te molestará estar, por mucho
que ames el Castillo de Lesley.
A pesar de todo lo que se dice sobre los prados y el
campo, siempre he pensado que Londres y sus diver-
siones deben ser fantásticas. Me encantaría que la
renta de mi madre nos permitiera ir en invierno para
disfrutar de sus edificios y jardines públicos. Siempre
he soñado con ir a Vauxhall para ver si la carne asada
es tan fina como dicen, porque sospecho que poca gente
sabe cortar carne tan bien como yo. Sería difícil que
no supiera del tema después de todo el esfuerzo que he
puesto en esa parte de mi educación.
Mamá siempre ha creído que soy la más completa de
las hermanas, aunque mi padre decía que era Eloisa.
Nunca hubo dos personas más distintas. De niñas, a
las dos nos gustaba leer, pero ella prefería la historia y

yo los libros de recetas. A ella le encantaba dibujar y a mí, cocinar gallinas. Nadie cantaba mejor que ella y nadie hacía un pastel mejor que yo. Y así hemos seguido. La única diferencia es que ya no peleamos por la superioridad de nuestras habilidades. Hace años acordamos admirarnos mutuamente. Yo nunca dejo de escuchar su música y ella es igual de constante a la hora de comerse mis pasteles. O al menos, así era hasta que Henry Hervey apareció en Sussex.

Antes de que su tía se mudara cerca de nosotros, hace como un año, sus visitas eran predecibles. Pero cuando ella llegó, se volvieron más frecuentes y largas. Esto, como te puedes imaginar, no le gustó a la señora Diana, que odia todo lo que no sea formal y educado. Su rechazo era tan grande que a menudo le hacía indirectas a su sobrino, que, de no ser porque estaba enfrascado en una conversación con Eloisa, estoy segura de que habría notado.

Fue entonces cuando Eloisa empezó a cambiar. Dejó de respetar nuestro acuerdo de admirarnos mutuamente. Yo aplaudía cada una de sus danzas, pero ninguno de mis pasteles de paloma recibía una palabra de aprobación. Esto hubiera hecho enfurecer a cualquiera, pero yo me mantuve tan tranquila como un queso fresco. Después de pensar en un plan de venganza, decidí que seguiría con su actitud sin decirle nada.

Mi plan era tratarla como ella me trataba a mí. Incluso si pintaba su propio retrato o tocaba "Malbrook" (la única balada que realmente me gusta), no diría nada más que "Gracias, Eloisa", a pesar de que por años la había elogiado falsamente con "Bravo, Bravissimo, Encora, Da Capo, allegretto, con espressione,

Poco presto" y muchas otras palabras igualmente extranjeras que, según ella, expresaban mi admiración. Y debe tener razón, porque las veo repetidas en cada libro de música, me imagino que para mostrar el sentimiento del compositor.

Ejecuté mi plan al pie de la letra, pero no con mucho éxito porque mi silencio no pareció molestarle en absoluto. Al contrario, un día me dijo:

«Me encanta, Charlotte, que por fin hayas dejado esa costumbre ridícula de aplaudir mi música hasta darme dolor de cabeza y quedarte ronca. Te agradezco muchísimo que te guardes tu admiración».

Nunca olvidaré la respuesta tan ingeniosa que le di:

«Eloisa, te ruego que estés tranquila en el futuro, porque te aseguro que siempre me guardaré mi admiración para mí y mis propios proyectos y no se la daré a los tuyos», le respondí.

Fue la primera vez en mi vida que dije algo tan severo, no porque no me sienta a menudo satírica, sino porque fue la primera vez que expresé lo que sentía.

Creo que nunca ha habido dos jóvenes que se quisieran tanto como Henry y Eloisa. El amor de tu hermano por la señorita Burton pudo ser más violento, pero no más fuerte. Por eso te puedes imaginar lo mal que le sentó a mi hermana lo que él le hizo. ¡Pobre chica! Sigue lamentando su muerte con la misma tristeza, a pesar de que ya han pasado más de seis semanas. Pero algunas personas sienten estas cosas más que otras.

Su estado de salud la ha dejado tan débil, tan incapaz de hacer el menor esfuerzo, que se ha pasado toda la mañana llorando por la partida de la señora Marlowe, que se fue de Bristol esta mañana con su esposo, su hermano y su hijito. Lamento su partida porque era la única familia que conocíamos aquí, pero a mí nunca se me habría ocurrido llorar. La verdad es que la señora Marlowe y Eloisa pasaban más tiempo juntas que conmigo, y el cariño que se desarrolló entre ellas hace que las lágrimas sean más disculpables en ellas que en mi caso.

Los Marlowe van a la ciudad, y Cleveland los acompaña. Como ni Eloisa ni yo fuimos capaces de cazarlo, espero que tú o Matilda tengáis más suerte.

No sé cuándo nos iremos de Bristol. Eloisa está tan decaída que no quiere moverse, aunque estar aquí tampoco la ayuda mucho. Espero que una o dos semanas más pongan fin a esta estancia.

Mientras tanto, y sin más que decir, etc., etc.

C. L.

OCTAVA CARTA

De la Señorita Lutterell a la Señora Marlowe

Bristol, 4 de abril
Mi querida Emma,
No sé cómo agradecerte tu ofrecimiento de seguir escri-
biéndonos, que considero un enorme gesto de amistad.
Te aseguro que escribirte será un gran desahogo y,
mientras mi salud y mi ánimo me lo permitan, tendrás
en mí una corresponsal muy constante, aunque no muy
entretenida.
Conoces demasiado bien mi situación para saber que
en mí la alegría sería inapropiada y sé que en mi
corazón sería falsa. No esperes noticias, porque no
vemos a nadie que conozcamos o en cuya vida tenga-
mos el menor interés. Tampoco esperes chismes, porque
por lo mismo, no podemos escucharlos ni inventarlos.
Lo único que puedes esperar son las efusiones melan-
cólicas de un corazón roto, que una y otra vez regresa
a la felicidad que una vez disfrutó, y cuyo recuerdo
solo hace más difícil soportar la desdicha presente.
La posibilidad de escribirte o hablarte sobre mi difunto
Henry será un lujo para mí, y sé que tu bondad no
rechazará leer cosas que tanto bien me hará escribir.
Una vez pensé que nunca desearía tener una amiga
(me refiero a una persona de mi mismo sexo con quien
poder hablar sin reservas) aparte de mi hermana. ¡Qué
equivocada estaba! Charlotte está demasiado ocupada
con sus dos amigas íntimas para dedicarme esa

atención. Por otra parte, espero que no me consideres una romántica infantil si te digo que lo que durante mucho tiempo había deseado era una amiga piadosa que pudiera escuchar mis lamentos sin intentar consolarme. Cuando te conocí, la intimidad que siguió y la atención cariñosa que me diste desde el principio, me hicieron abrigar la feliz esperanza de que si aquellas atenciones crecían, gracias a un conocimiento más profundo, llegarían a convertirse en una amistad, algo que, si realmente eras la persona que yo deseaba, me daría la mayor felicidad que pudiera soñar. Saber que esa esperanza se ha cumplido es para mí una enorme satisfacción, la única que puedo experimentar ahora.

Me siento tan débil que estoy segura de que si estuvieras conmigo me rogarías que dejara de escribir. Y no puedo darte una muestra mayor de mi afecto por ti que hacer lo que sé que tú, ausente o presente, desearías que hiciera.

Tu sincera amiga,

E. L.

NOVENA CARTA

De la Señora Marlowe a la señorita Lutterell

Grosvenor Street, 10 de abril
¿Hace falta que te diga, mi querida Eloisa, lo mucho que agradecí tu carta? La mejor prueba de la alegría que me dio y de mi deseo de que nos escribamos seguido es que te respondo antes de que termine la semana. Pero no creas que soy un prodigio de puntualidad; al contrario, te aseguro que prefiero escribirte a pasar la tarde en un concierto o en un baile.
El señor Marlowe quiere que lo acompañe a eventos públicos todas las tardes, y me cuesta decirle que no. Pero al mismo tiempo, me encanta quedarme en casa. Además del placer de dedicar mi tiempo a mi querida Eloísa, la libertad de escribir una carta o pasar una tarde tranquila con mi pequeño es una razón más que suficiente (si es que hace falta alguna) para disfrutar de esta correspondencia contigo.
Los temas de tus cartas, ya sean tristes o alegres, serán interesantes para mí siempre que se relacionen contigo. Sin embargo, no creo que lamentarse melancólicamente, repitiendo tus penas y haciéndome parte de ellas, logre más que intensificarlas. Creo que sería mejor que evitaras un tema tan triste. Aun así, sabiendo el placer melancólico y reconfortante que puede darte, no te negaré ese capricho. Solo te pido que no esperes que yo te anime a hacerlo en mis cartas. Al contrario, me propongo llenarlas de un ingenio tan vivo y un humor

tan reconfortante que espero ser capaz de arrancar una sonrisa en tu dulce pero triste rostro.

Para empezar, debes saber que, desde que llegué, me he encontrado dos veces con las tres amigas de tu hermana —Lady Lesley y sus hijas— en eventos públicos. Me imagino que estarás ansiosa por saber mi opinión sobre la belleza de las tres damas de las que tanto has oído hablar.

Como estás demasiado enferma y triste para comentarios superficiales, me atrevo a decir que no me gusta ninguna de sus caras tanto como la tuya. Sin embargo, todas son muy guapas. A Lady Lesley ya la conocía. En cuanto a sus hijas, se podría decir que, en general, son más guapas que ella, aunque me atrevería a decir que con el encanto de una tez sonrosada, cierta coquetería y mucha conversación trivial (en todo esto, la señora supera a las señoritas), se ganan más admiradores que con la perfección de los rasgos de Matilda y Margaret.

Por otra parte, estoy segura de que estarás de acuerdo conmigo en que ninguna tiene el tamaño apropiado para ser considerada una verdadera belleza, pues ya sabes que dos de ellas son más altas y otra más baja que nosotras. A pesar de este defecto (o mejor, gracias a él), hay algo muy noble y majestuoso en la figura de las señoritas Lesley, y algo agradablemente vivaz en el aspecto de su bonita madrastra.

En cualquier caso, aunque unas sean majestuosas y la otra vivaz, ninguna de sus caras tiene la dulzura cautivadora de la tuya, una dulzura que tu actual languidez no disminuye en absoluto. Me pregunto qué dirían mi marido y mi hermano de nosotras si supieran todas las cosas bonitas que te he dicho en esta carta. Es muy difícil creer que una mujer bonita sea reconocida como tal por otra persona de su mismo sexo, a menos que sea su enemiga o su aduladora.

¡Cuánto más amables son los hombres en ese aspecto! Un hombre puede decir cuarenta cosas agradables a otro sin que nosotras supongamos que le pagaron por hacerlo, y mientras cumplan con su deber hacia nuestro sexo, no nos importa lo educados que sean con los de su mismo género.

Te ruego que le transmitas mis cumplidos a la señora Lutterell y mi cariño a Charlotte. Y tú, Eloísa, recibe mis mejores deseos para que recuperes la salud y el ánimo.

Con cariño,

E. MARLOWE

P.D. Me temo que esta carta es un pobre ejemplo de mi ingenio, y tu opinión sobre él no mejorará mucho cuando te diga que hice todo lo posible por resultar entretenida.

DÉCIMA CARTA

De la señorita Margaret Lesley a la señorita Charlotte Lutterell

Portman Square, 13 de abril
Mi querida Charlotte:
Partimos del Castillo de Lesley el día 28 del mes pasado y llegamos a Londres después de siete días de viaje, sanas y salvas. Me dio mucho gusto encontrar tu carta esperándome, y te lo agradezco de corazón.
¡Ay, mi querida amiga, cada día lamento más haber cambiado la tranquilidad del castillo por las inciertas y caóticas diversiones de esta ciudad ruidosa!
No quiero decir que las diversiones sean desagradables; al contrario, las disfruto mucho, y las disfrutaría aún más si no fuera porque cada vez que salgo en público, aprieto las cadenas de esos pobres infelices cuya pasión es imposible no lamentar, aunque no pueda corresponderla. En resumen, mi querida Charlotte, mi sensibilidad ante el sufrimiento de tantos jóvenes amables, mi molestia por la extrema admiración que despierto y mi aversión a ser tan elogiada en público, en privado, en periódicos y en grabados, son la razón por la que no puedo disfrutar plenamente de las variadas y agradables diversiones de Londres.
¡Cuántas veces he deseado tener tan poca belleza como tú, una figura tan poco elegante, una cara tan poco agraciada y un aspecto tan desagradable como el tuyo! Pero, ¡ay, qué lejos estoy de un hecho tan deseable! Ya pasé la viruela, así que debo resignarme a mi triste destino.
Y ahora, mi querida Charlotte, me dispongo a revelarte un secreto que ha estado perturbando mi tranquilidad, y

es de esos que requieren la mayor e inviolable discreción de tu parte.

El lunes pasado por la noche, Matilda y yo acompañamos a Lady Lesley a una recepción en la casa de la honorable señora Sinparar. Nos escoltaba el señor Fitzgerald, que es un joven bastante amable, aunque su gusto es un poco extraño (está enamorado de Matilda).

Apenas habíamos saludado a la anfitriona y a unas cuantas personas, cuando mi atención fue atraída por un joven guapísimo que acababa de entrar con otro caballero y una dama. Desde el momento en que lo vi, supe que de él dependía la felicidad de mi vida. Imagina mi sorpresa cuando me lo presentaron como Cleveland. Inmediatamente lo reconocí como el hermano de la señora Marlowe y la persona que mi Charlotte conoció en Bristol. El señor y la señora Marlowe eran quienes lo acompañaban. (¿No te parece que la señora Marlowe es bonita?). La elegante presencia del señor Cleveland, sus modales educados y su forma de inclinarse, confirmaron inmediatamente mi atracción. No dijo nada, pero puedo imaginar cada cosa que habría dicho si hubiera abierto la boca. Puedo adivinar la inteligencia, los sentimientos nobles y el lenguaje elegante que habrían brillado en su conversación. La llegada de Sir James Gower (uno de mis muchos admiradores) impidió que descubriera su inteligencia, poniendo fin a una conversación que nunca llegó a comenzar y atrayendo mi atención hacia él. ¡Pero qué lejos están las perfecciones de Sir James de las de su rival!

Sir James es uno de nuestros visitantes más frecuentes y casi siempre está en nuestras fiestas. Desde entonces, nos hemos encontrado muchas veces con el señor y la señora

Marlowe, pero no con Cleveland, que siempre tiene otro compromiso. La señora Marlowe me cansa de muerte cada vez que me la encuentro con sus conversaciones aburridas sobre ti y sobre Eloisa. ¡Es tan tonta! Vivo con la esperanza de ver a su irresistible hermano esta noche, porque vamos a casa de Lady Flambeau, que sé que es muy amiga de los Marlowe. Nuestro grupo estará formado por Lady Lesley, Matilda, Fitzgerald, Sir James Gower y yo misma.

Vemos muy poco a Sir George, que casi siempre está en la mesa de juegos. ¡Ah, mi pobre herencia! ¿Dónde estarás hoy? Vemos más a Lady L., que siempre aparece (con mucho colorete) a la hora de la cena. ¡Ay, con qué joyas tan bonitas se adornará esta noche en casa de Lady Flambeau! Aunque me pregunto cómo puede gustarle usarlas; debe darse cuenta de lo ridículamente impropio que resulta que su diminuta figura esté cargada con adornos tan superfluos. ¿Es posible que no sepa lo elegante que es la simplicidad frente a los adornos rebuscados? Si nos las regalara a Matilda y a mí, le estaríamos muy agradecidas. ¡Qué bien le quedarían los diamantes a nuestras majestuosas figuras! ¡Y qué raro que esa idea nunca se le haya ocurrido! Creo que si no he reflexionado cincuenta veces sobre este asunto, no lo he hecho ninguna. Cada vez que veo a Lady Lesley con ellas, me vienen las mismas ideas a la cabeza. ¡Y además son las joyas de mi propia madre! Pero no diré más sobre un tema tan melancólico. Déjame que te entretenga con algo más agradable.

Matilda recibió esta mañana una carta de Lesley, por la cual nos hemos enterado de que está en Nápoles, se ha convertido al catolicismo, obtuvo una bula papal para anular su primer matrimonio y se ha casado con una dama napolitana de alto rango y fortuna. Nos cuenta que algo muy similar le ha sucedido a su primera esposa, la desdichada Louisa, quien también está en Nápoles, se ha convertido al catolicismo y se dispone a casarse en breve con un noble napolitano de gran renombre.

Dice que ahora son muy buenos amigos, que se han perdonado sus errores pasados y que se proponen ser buenos vecinos en el futuro. Nos invita a Matilda y a mí a visitarle y a llevar con nosotras a la pequeña Louisa, a quien su madre, su madrastra y él mismo tienen muchas ganas de ver.

En cuanto a si aceptaremos su invitación, no sé qué pasará. Lady Lesley nos aconseja que vayamos sin tardanza. Fitzgerald se ofrece a escoltarnos, pero Matilda no sabe muy bien si el plan es correcto. Ella cree que sería muy agradable. Yo estoy segura de que le gusta ese tipo de hombre. Mi padre desea que no nos apresuremos, porque piensa que quizá, si esperamos algunos meses, él y Lady Lesley tendrían el placer de acompañarnos.

Lady Lesley dice que no, que nada en el mundo la alejaría de las diversiones de Brighthelmstone por un viaje a Italia cuyo único fin es simplemente ver a mi hermano.

«No», dijo la desagradable mujer. «Una vez en mi vida fui lo suficientemente loca como para viajar no sé cuántos cientos de millas para ver a dos de la familia y la cosa no funcionó. ¡Que me parta un rayo si vuelvo a ser tan loca!»

Eso es lo que dijo su señoría, pero Sir George insiste en que quizá en un mes o dos nos acompañen.

Adiós, mi querida Charlotte. Tu fiel amiga,

MARGARET LESLEY

La Historia de Inglaterra desde el reinado de Enrique IV a la muerte de Carlos I

Escrita por una historiadora parcial, ignorante y con prejuicios

Esta Obra está dedicada a la Señorita Austen, hija mayor del Reverendo George Austen, con el debido respeto, por parte de

La Autora

N. B. Esta historia contiene muy pocas Fechas.

ENRIQUE IV

Para su gran satisfacción, Enrique IV subió al trono de Inglaterra en 1399, después de convencer a su primo, Ricardo II, de que le cediera la corona. Ricardo se retiró al Castillo de Pomfret, donde convenientemente fue asesinado. Es de suponer que Enrique estaba casado, ya que tuvo cuatro hijos, pero no tengo idea de quién era su esposa.

Como nadie vive para siempre, Enrique enfermó y su hijo, el Príncipe de Gales, le arrebató la corona. El rey, antes de morir, dio un discurso largo (para saber qué dijo, lean a Shakespeare) y el príncipe dio otro aún más largo. Luego, el rey murió y su hijo, Enrique V, tomó el trono, tras haber derrotado a Sir William Gascoigne.

ENRIQUE V

Al convertirse en rey, este príncipe cambió por completo. Se reformó, se volvió bastante decente, dejó a sus amigos fiesteros y no volvió a molestar a Sir William.

Durante su reinado, quemaron vivo a Lord Cobham, aunque no me acuerdo por qué. Luego, el rey se obsesionó con Francia, invadió el país y ganó la famosa Batalla de Agincourt. Se casó con Catalina, la hija del rey francés, una mujer muy agradable, según la describe Shakespeare. A pesar de todo esto, se murió y su hijo Enrique le sucedió.

ENRIQUE VI

No puedo decir mucho a favor de la inteligencia de este monarca. Y no lo haría aunque pudiera, porque era de la Casa de Lancaster.

Supongo que ya saben todo sobre las Guerras de las Rosas entre él y el Duque de York. Si no, es mejor que busquen otra historia, porque no quiero extenderme en el tema. Con esto me refiero a que no quiero soltar mi bilis o mi odio contra todos los grupos o principios con los que no estoy de acuerdo, y por eso no les voy a dar información.

Este rey se casó con Margarita de Anjou, una mujer con tantas desgracias y desventuras que casi me dan ganas de sentir pena por ella, cuando en realidad la odio. Durante su reinado vivió Juana de Arco, la que tanto lío causó a los ingleses. No debieron haberla quemado, pero lo hicieron.

Hubo varias batallas entre los Yorkistas y los de Lancaster, de las que los primeros salieron victoriosos casi siempre, como tenía que ser. Al final, fueron derrotados por completo. El rey fue asesinado, a la reina la mandaron de vuelta a su casa y Eduardo IV subió al trono.

EDUARDO IV

Eduardo IV se destacó solo por su belleza y su valentía. Su retrato y su audaz decisión de casarse con una mujer cuando ya estaba prometido con otra son prueba suficiente de ello. Su esposa fue Elisabeth Woodville, una viuda que, por desgracia, más tarde fue encerrada en un convento por ese monstruo de la maldad y la avaricia que fue Enrique VII. Una de las amantes de Eduardo fue Jane Shore, de quien existe una obra de teatro, pero como es una tragedia, no vale la pena leerla. Después de todas estas hazañas, su majestad murió y su hijo lo sucedió.

EDUARDO V

Este pobre príncipe vivió tan poco tiempo que nadie tuvo la oportunidad de pintar su retrato. Fue asesinado por las intrigas de su tío, Ricardo III.

RICARDO III

La mayoría de los historiadores han tratado a este príncipe con mucha severidad. Sin embargo, como era de la Casa de York, me inclino a pensar que fue un hombre muy respetable.

Parece haber pruebas contundentes de que mató a sus dos sobrinos y a su esposa, pero también se dice que no mató a sus sobrinos, lo cual yo prefiero creer. Si esto fuera cierto, también podríamos asumir que no mató a su esposa, porque si Perkin Warbeck fue realmente el Duque de York, no veo por qué Lambert Simnel no podría haber sido la viuda de Ricardo.

Culpable o inocente, no reinó en paz por mucho tiempo. Enrique Tudor, el conde de Richmond y uno de los mayores villanos de la historia, se puso muy pesado con que quería la corona y, después de matar al rey en la batalla de Bosworth, lo consiguió.

ENRIQUE VII

Poco después de convertirse en rey, este monarca se casó con la princesa Elisabeth de York. Con esta unión, a pesar de pretender lo contrario, demostró que en el fondo sentía que sus derechos al trono eran inferiores a los de ella.

Juntos tuvieron dos hijos y dos hijas. La mayor se casó con el rey de Escocia y tuvo la suerte de ser abuela de uno de los personajes más importantes de la historia. Pero de ella hablaré más adelante. La más joven, María, se casó primero con el rey de Francia y después con el duque de Suffolk, con quien tuvo una hija. Esa hija más tarde sería la madre de Lady Jane Grey, una chica muy amable que, aunque no era tan adorable como su prima, la reina de los escoceses, se hizo famosa por leer griego mientras los demás se iban de caza.

Fue durante el reinado de Enrique VII cuando aparecieron los ya mencionados Perkin Warbeck y Lambert Simnel. A Perkin lo torturaron, se refugió en una abadía y luego lo decapitaron junto con el conde de Warwick. A Lambert, en cambio, lo mandaron a la cocina del rey.

Su majestad murió y su hijo, Enrique, lo sucedió. El único mérito de este Enrique fue no ser tan rematadamente malo como su hija Isabel.

ENRIQUE VIII

Sería una ofensa para mis lectores suponer que no conocen los detalles del reinado de este rey tan bien como yo. Por eso, les ahorraré la molestia de volver a leer lo que ya saben, y a mí misma la de escribir algo que no recuerdo muy bien, ofreciendo solo un breve resumen de los principales acontecimientos.

Entre ellos, tal vez valga la pena destacar la frase que el cardenal Wolsey le dijo al abad de la Abadía de Leicester: que había venido a "dejar reposar sus huesos" allí; la Reforma protestante; y las cabalgatas del rey por Londres con Ana Bolena. Por sentido de la justicia, debo declarar que esta amable mujer era completamente inocente de los crímenes que se le imputaron, una verdad de la que su belleza, elegancia y vivacidad son pruebas suficientes. Ni hablar de la solemnidad con la que tantas veces declaró su inocencia, la debilidad de los cargos en su contra y el carácter del rey. Estos últimos añaden veracidad a lo expuesto, aunque son insignificantes en comparación con las pruebas a su favor.

Aunque no soy de dar muchas fechas, hay algunas que me parecen importantes, así que las mencionaré cuando sea necesario. En este caso, debo informarles de que la carta del rey fue fechada el 6 de mayo. Los crímenes y crueldades de este príncipe son demasiado numerosos para mencionarlos aquí (como espero que esta historia ya haya dejado claro), y no se puede decir nada a su favor, salvo que la abolición de las casas religiosas y su abandono posterior han sido muy útiles para el paisaje de Inglaterra, que es muy probable que haya sido su único motivo. Y si no, ¿por qué iba a molestarse tanto un hombre sin ninguna religión en abolir una que llevaba tanto tiempo establecida en el reino?

La quinta esposa de su majestad fue la sobrina del duque de Norfolk y, a pesar de haber sido exonerada universalmente de los crímenes por los que fue decapitada, mucha gente cree que llevó una vida de libertinaje antes de su matrimonio. Debo decir que tengo mis dudas, ya que esta mujer era pariente de aquel noble duque de Norfolk que tuvo un papel tan importante en la causa de la reina de Escocia y del que acabó siendo víctima. La última esposa del rey luchó por sobrevivirle, cosa que solo consiguió con dificultades.

Lo sucedió su hijo, Eduardo.

EDUARDO VI

Como este príncipe tenía solo nueve años cuando su padre murió, mucha gente lo consideró demasiado joven para gobernar. Y ya que el difunto rey había dicho lo mismo, el hermano de su madre, el duque de Somerset, fue elegido Protector del reino durante su minoría de edad. Este hombre, en general, tenía un carácter muy amable y es uno de mis favoritos, aunque ni de lejos lo compararía con Robert Earl de Essex, Delamere o Gilpin, los mejores de los hombres. El duque fue decapitado, un hecho del cual, de haber sabido que así murió María, reina de Escocia, tal vez se habría sentido orgulloso. Por otra parte, como es imposible que fuera consciente de algo que no había sucedido, parece poco probable que se sintiera especialmente encantado con esa manera de morir.

Después de su muerte, el duque de Northumberland se hizo cargo del rey y del reino, y se tomó su trabajo tan en serio que el rey murió y el reino quedó en manos de su nuera, Lady Jane Grey, esa de la que ya mencionamos que leía griego. No sabemos si realmente entendía esa lengua o si solo lo hacía por vanidad, en la que, según tengo entendido, siempre destacó. Sea como fuere, se mantuvo fiel a ese conocimiento aparente y al desprecio por todo lo que generalmente se considera fuente de placer, ya que declaró sentirse descontenta por haber sido nombrada reina y, de camino al patíbulo, escribió una máxima en latín y otra en griego al ver el cuerpo muerto de su esposo, que casualmente pasaba por allí.

MARÍA
Esta mujer tuvo la fortuna de subir al trono de Inglaterra a pesar de los mayores derechos, méritos y belleza de sus primas, María, reina de Escocia, y Jane Grey.

No puedo sentir lástima por las calamidades que sufrieron sus súbditos durante su reinado, ya que se las merecieron por permitirle suceder a su hermano (que estaba el doble de loco que ella) sin prever que moriría sin tener hijos y la sucedería aquella desgracia de la humanidad, aquella peste de la sociedad que fue Isabel. Muchas personas se convirtieron en mártires de la religión protestante durante su reinado; creo que no menos de una docena.

Se casó con Felipe, rey de España, que durante el reinado de su hermana se hizo famoso por la construcción de armadas. Murió sin descendencia, y de este modo llegó el terrible momento en el que la destructora de la paz, la traidora de la confianza y la asesina de su prima ascendió al trono.

ISABEL
Una de las desgracias más grandes de esta mujer fue estar rodeada de ministros tan malos. Aunque ella era perversa, no

es posible que cometiera tantas barbaridades sin el apoyo de esos hombres viles y corruptos.

Sé que mucha gente cree que Lord Burleigh, Sir Francis Walsingham y los demás que ocupaban los puestos más importantes del Estado fueron ministros dignos, experimentados y capaces. Pero ¡ay!, qué ciegos están al mérito, a ese mérito que fue despreciado y vilipendiado, si insisten en esa opinión cuando se sabe que estos hombres, tan alabados, se convirtieron en la vergüenza de su país y de su sexo al permitir y ayudar a su reina a encerrar por diecinueve años a una mujer que, si los lazos familiares y sus propios méritos no eran suficientes, al menos tenía, como reina y persona digna de confianza, todo el derecho a esperar ayuda y protección. Y, lo peor de todo, al permitirle a Isabel llevar a esta amable mujer a una muerte prematura, inmerecida y escandalosa.

¿Es posible que alguien que reflexione por un momento sobre esta mancha, esta mancha eterna sobre estos hombres, pueda elogiar mínimamente a Lord Burleigh o a Sir Francis Walsingham?

¡Ah, cuánto sufriría esta cautivadora princesa, cuyo único amigo fue el duque de Norfolk, y cuyos únicos defensores somos ahora el señor Whitaker, la señora Lefroy, la señora Knights y yo misma! ¡Abandonada por su hijo, encerrada por su prima, engañada, culpabilizada y vilipendiada por todos! ¡Cuánto sufriría esta mujer de inteligencia extraordinaria al saber que Isabel había ordenado su muerte!

Y, sin embargo, lo soportó todo con una fortaleza inquebrantable, con la cabeza alta, con fe en su religión, y se preparó para enfrentar su cruel destino con una magnanimidad que solo podía venir de una conciencia inocente.

¿Puede el lector creer que, a pesar de todo, algunos protestantes de corazón duro y celoso han querido atacarla por esa fidelidad a la religión católica que en ella brillaba de tal forma? Pero esto no es más que una prueba más de la estrechez de miras y los prejuicios de quienes la acusan.

María fue ejecutada en el Salón de Embajadas del Castillo de Fotheringhay (¡lugar sagrado!) el miércoles 8 de febrero de 1586, para el eterno reproche de Isabel, de sus ministros y de Inglaterra en general.

Tal vez no esté de más que, antes de terminar mi relato sobre la vida de esta desventurada reina, comente cómo, durante su reinado en Escocia, fue acusada de varios crímenes, de los cuales aseguro rotundamente que fue inocente. Esta reina jamás fue culpable, salvo de imprudencias que pagó por la grandeza de su corazón, por su juventud y por su educación.

Con la confianza de haber borrado con esta afirmación toda sospecha y toda duda que pudiera haber surgido en la mente del lector a raíz de lo que otros historiadores han escrito sobre ella, continuaré mencionando el resto de los acontecimientos que marcaron el reinado de Isabel.

Fue más o menos por entonces cuando, para honra de su país y de su profesión, vivió Sir Francis Drake, el primer marinero inglés que navegó alrededor del mundo. Sin embargo, a pesar de su grandeza y de su justamente celebrada fama como gran navegante, no puedo dejar de prever que, en este o en el próximo siglo, será igualado por alguien que, aunque ahora es demasiado joven, ya promete cumplir con todas las expectativas apasionadas de sus amigos y parientes, entre los cuales puedo incluir a la amable dama a quien está dedicada esta obra y a mi no menos amable persona.

Aunque se dedicara a otra profesión y brillara en un ámbito diferente, tan brillante en el papel de conde como Drake lo fue en el de navegante, fue Robert Devereux, Lord Essex. Este desdichado joven no desmerece en nada al igualmente desdichado

Frederic Delamere. La comparación puede ir aún más lejos, e Isabel, el tormento de Essex, puede compararse con Emmeline de Delamere.

Contar las desgracias de este noble y galante conde sería una tarea infinita. Baste decir que fue decapitado el 25 de febrero, después de haber sido Lord Teniente de Irlanda, de haber empuñado su espada y de haber hecho muchos otros servicios por su país.

Isabel no sobrevivió mucho tiempo a su pérdida y murió de forma tan miserable que, si no fuera por el insulto que representaría para la memoria de María, sentiría pena por ella.

JAIME I

Aunque este rey cometió algunas faltas, como permitir la muerte de su madre, me cae bien en general. Se casó con Ana de Dinamarca y tuvo varios hijos. Para su suerte, su hijo mayor, el príncipe Enrique, murió antes que él, ya que de lo contrario, tal vez habría sufrido las mismas desgracias que su desdichado hermano.

Como soy parcial con la religión católica, me cuesta mucho criticar el comportamiento de cualquiera de sus miembros. Sin embargo, creo que la verdad es excusable en un historiador, así que debo decir que durante este reinado, los católicos de Inglaterra no se comportaron muy bien con los protestantes. Su trato a la familia real y al Parlamento fue, sin duda, poco civilizado. Incluso Sir Henry Percy, que era el mejor educado del grupo, no mostró mucha cortesía, ya que sus atenciones se centraron solo en Lord Mounteagle.

Sir Walter Raleigh tuvo éxito en este reinado y en el anterior, y muchos lo veneran y respetan. Sin embargo, como fue enemigo del noble Essex, no tengo nada bueno que decir de él. Pido a quienes quieran saber más sobre su vida que consulten la obra *La crítica* del señor Sheridan, donde encontrarán muchas anécdotas interesantes sobre él y su amigo Sir Christopher Hatton.

Su majestad tenía un carácter amable, propicio para la amistad, y en ese sentido, tenía una habilidad especial para encontrar méritos en las personas.

Una vez escuché una charada muy buena sobre una alfombra, que me hizo recordar este tema. Como creo que mis lectores podrían encontrarla divertida, la incluyo aquí:

CHARADA

Mi primera es lo que mi segunda era para el rey Jaime I, y sobre mi yo entero tú caminas.

Los principales favoritos de su majestad fueron Car* (que luego sería nombrado conde de Somerset y cuyo nombre puede tener algo que ver con la charada) y George Villiers, más tarde duque de Buckingham.

A su muerte, lo sucedió su hijo Carlos.

* En inglés alfombra es *carpet,* donde la primera sílaba *(car)* alude al nombre del favorito de Jaime I, y la segunda *(pet)* significa «mascota».

CARLOS I

Parece que este amable monarca nació para sufrir tantas desgracias como su encantadora abuela, desgracias que en absoluto merecía, ya que era descendiente de ella.

Sin duda, no hubo un periodo en la historia de Inglaterra con tantos personajes detestables, y nunca hubo tan pocos hombres buenos. En todo el reino, no había más de cinco, aparte de la gente de Oxford, que siempre fue leal al rey y a sus intereses. Los nombres de estos nobles que nunca olvidaron sus deberes como súbditos, ni traicionaron su compromiso con su majestad, son los siguientes: el propio Rey, siempre fiel a su causa; el arzobispo Laud, el conde de Strafford, el vizconde de Faulkland y el duque de Ormond. Estos últimos casi tan incansables y apasionados por la causa como el primero.

Como la lista de villanos de aquella época sería demasiado larga para escribirla o leerla, me contentaré con mencionar a los principales de la pandilla. Cromwell, Fairfax, Hampden y Pym pueden ser considerados los principales causantes de todos los problemas y guerras civiles en los que Inglaterra se vio envuelta durante muchos años.

A pesar del cariño que siento por los escoceses, debo decir que durante este reinado, al igual que durante el de Isabel, también se portaron mal con los ingleses. Se atrevieron a pensar diferente a su soberano, a olvidar la adoración que le debían por ser un Estuardo, a rebelarse contra ellos, a destronar y a encarcelar a la desventurada María, y a oponerse, engañar y vender al no menos desventurado Carlos.

Los acontecimientos que ocurrieron durante el reinado de este monarca son demasiados para mi pluma, y la verdad es que contar un montón de sucesos, cualesquiera que sean (excepto los que menciono aquí), no me interesa en absoluto. La principal razón por la que me animé a escribir esta Historia de Inglaterra fue para demostrar la inocencia de la reina de Escocia —algo que, me jacto, he logrado— y para criticar a Isabel, aunque me temo que en esta última parte me he quedado corta.

Como ya he dicho que no es mi intención dar un relato detallado de los problemas en los que este rey se vio envuelto por la mala conducta y la crueldad de su Parlamento, me contentaré con defenderlo de los cargos de arbitrariedad y tiranía de los que a menudo se le acusó. No creo que sea una tarea difícil, porque tengo un argumento que bastará para satisfacer a cualquier persona inteligente y bien dispuesta, cuyas opiniones hayan sido guiadas por una buena educación. Y este argumento es que este rey era un Estuardo.

FIN

Sábado, 26 de noviembre de 1791

UNA COLECCIÓN DE CARTAS

A la Señorita Cooper

Mi querida prima:
Sabiendo la gran fama de persona encantadora que tienes en todas partes, te encomiendo, con mucho cuidado y cariño, la caritativa crítica de esta inteligente colección de curiosos comentarios. Han sido seleccionados, recogidos y clasificados con mucho esmero por tu prima más cómica,

La Autora

PRIMERA CARTA
De una Madre a su Amiga

Mis hijas ya me están pidiendo un tipo de atención diferente al que estaban acostumbradas. Han llegado a la edad en la que necesitan empezar a conocer el mundo.

Augusta tiene 17 años y su hermana solo uno menos. Quiero creer que su educación ha sido tan buena que no saldrán perjudicadas al entrar en la sociedad, y tengo muchas razones para pensar que la sociedad no perjudicará su educación. Son unas chicas muy dulces: inteligentes, pero sin presunción; talentosas, pero sencillas; vivaces, pero obedientes. Como han aprendido todo juntas, no voy a tener en cuenta la diferencia de edad, y las presentaré en sociedad al mismo tiempo.

Para esta tarde está fijada su primera salida. Vamos a tomar el té con la señora Cope y su hija. Me alegro de que no vayamos a ver a nadie más, porque sería difícil para ellas entrar en un círculo social muy grande el primer día. Iremos poco a poco. Mañana, la familia del señor Stanly vendrá a tomar el té, y quizá las señoritas Phillip se unan a ellos. El martes vamos a cenar a Westbrook. El jueves recibimos en casa. El viernes vamos a un concierto privado en casa de Sir John Wynne, y el sábado esperamos a la señorita Dawson por la mañana. Así se completará la introducción de mis hijas en la sociedad. No sé cómo soportarán tanta actividad. No me preocupa su espíritu, solo temo por su salud.

El momento ha llegado, y mis niñas ya han sido presentadas en sociedad. No te imaginas cómo temblaban estas dulces criaturas a medida que se acercaba el momento de salir.

Antes de que el coche se detuviera frente a la puerta, las llamé al vestidor y, una vez que se sentaron, les dije:

«Mis queridas niñas, ha llegado el momento de que yo recoja la recompensa por todas mis preocupaciones y por todo el esfuerzo puesto en su educación. Esta tarde van a entrar en un mundo donde encontrarán muchas cosas maravillosas. Sin embargo, déjenme prevenirlas y aconsejarlas para que no se dejen arrastrar por las locuras y los vicios de otros; porque, mis adoradas niñas, si lo hacen, pueden estar seguras de que lo lamentaré mucho».

Ambas me aseguraron que siempre recordarían mi consejo con gratitud y que lo seguirían al pie de la letra; que estaban preparadas para un mundo que las sorprendería y confundiría, pero que confiaban en que nunca les darían motivos para que yo lamentara el cuidado con que las crié y formé sus mentes.

«Si siguen estas indicaciones y se mantienen firmes en ellas no tengo nada que temer» les dije. «Podré llevarlas a casa de la señora Cope sin miedo a que se dejen seducir por su ejemplo o contaminar por sus locuras. Vamos, mis niñas, el coche está a punto de llegar y no quiero retrasar la felicidad que están tan impacientes por disfrutar», añadí.

Cuando llegamos a Warleigh, la pobre Augusta apenas podía respirar, y Margaret era todo alegría y emoción.

«El momento tan esperado por fin ha llegado y pronto conoceremos el mundo», dije.

Momentos después, estábamos en la salita de la señora Cope, quien, con su hija, nos esperaba sentada para recibirnos.

Observé con enorme placer la impresión que mis hijas les causaron. Realmente se comportaron como dos niñas dulces y elegantes y, aunque quizá un poco confundidas por la novedad, sus modales y su manera de hablar no podían dejar de cautivarlas. Puede imaginarse, mi querida señora, lo contenta que me sentí al ver lo atentas que miraban cada objeto, la gran repugnancia que sentían ante unos, lo mucho que disfrutaban de otros, ¡y su enorme sorpresa ante todo!

Debo decir que, en general, volvieron asombradas con el mundo, sus habitantes y sus modales.

Tu fiel amiga,

A. F.

SEGUNDA CARTA
De una joven dama desengañada en el amor a su amiga

¿Por qué este último desengaño me afecta tanto? ¿Por qué lo siento más? ¿Por qué me hiere más que los otros que ya he vivido? ¿Será posible que mi cariño por Willoughby sea más fuerte que el que sentí por sus predecesores? ¿O será que nuestros sentimientos se vuelven más intensos cuando nos han herido tantas veces?

Creo que es esto último, ya que no considero que mi afecto sincero por Willoughby sea mayor que el que sentí por Neville, Fitzowen, o incluso por los Crawford, y por todos ellos sentí el cariño más profundo que una mujer pueda sentir.

Entonces dime, mi querida Belle, por qué todavía suspiro cuando pienso en el traidor Edward, o por qué lloro cuando veo a su prometida, porque me temo que eso es lo que me pasa.

Mi familia está muy preocupada por mí. Temen por mi salud, lamentan mi falta de ánimo y están asustados por los efectos de todo esto. Con la esperanza de distraerme y aliviar mi melancolía, han invitado a varios amigos a pasar las Navidades con nosotros. Esperamos a Lady Bridget Dashwood y a su cuñada, la señorita Jane, este viernes. La familia del coronel Seaton vendrá la semana que viene.

Mi tío y mis primos lo hacen con la mejor intención, pero ¿qué puede hacer por mí la presencia de media docena de personas que me son indiferentes, aparte de afligirme y causarme más estrés? No terminaré esta carta hasta que haya llegado alguno de nuestros invitados.

Viernes por la tarde:

Lady Bridget llegó esta mañana con su dulce cuñada, la señorita Jane. Aunque conozco a esta mujer encantadora desde hace más de quince años, nunca antes me había dado cuenta de lo maravillosa que es. Tiene 35 años y, a pesar de las enfermedades, la tristeza y el paso del tiempo, tiene más vitalidad que cualquier chica de 17 que haya conocido.

Me sentí encantada con su compañía desde que entró en la casa, y ella pareció encantada conmigo. No se separó de mí en todo el día. Hay algo tan dulce y tierno en su rostro que parece casi de otro mundo. Su conversación es tan cautivadora como su aspecto, y me fue difícil no decirle lo mucho que la admiraba.

«¡Oh, señorita Jane!», dije yo.

Tuve que parar porque no encontraba las palabras adecuadas para expresar lo que sentía.

«¡Oh, señorita Jane!», repetí.

No podía pensar en las palabras que correspondían a mis sentimientos. Ella parecía esperar que continuara. Me sentía confundida, nerviosa, abrumada. Solo pude añadir:

«¿Cómo está usted?»

Ella notó mi incomodidad y, con una presencia de ánimo admirable, me ayudó a salir del apuro:

«Mi querida Sophia, no se sienta incómoda por haberse expuesto así ante mí. Cambiemos de tema».

¡Ay, cómo le agradecí su amabilidad!

«¿Sigue montando a caballo tanto como antes?», me preguntó.

«Mi médico me ha recomendado que monte. Hay sitios muy bonitos por aquí. Tengo un caballo encantador. Me gusta muchísimo esta actividad» —respondí, ya más recuperada de la confusión. «En resumen, monto mucho».

«Hace usted muy bien, querida», dijo ella.

Y luego repitió el siguiente lema improvisado que servía tanto para recomendar la equitación como la sinceridad:

«Monte a caballo siempre que pueda y sea sincera siempre que tenga ocasión». Y añadió: «Yo montaba a caballo, pero hace muchos años».

Lo dijo en un tono tan bajo y tembloroso que yo me quedé en silencio, tan impresionada por su manera de hablar que no podía decir nada.

«No monto a caballo desde que me casé», continuó, fijando sus ojos en mí.

Nunca en mi vida algo me había sorprendido tanto.

«¡¿Desde que se casó, señora?!», repetí.

«No me extraña que ponga esa cara de sorpresa» —dijo ella. «Ya que lo que acabo de decir debe de parecerle imposible. Sin embargo, nada es más cierto que estuve casada».

«Entonces, ¿por qué la llaman señorita Jane?», pregunté.

«Porque, mi querida Sophia, me casé sin el consentimiento ni el conocimiento de mi padre, el difunto Almirante Annesley. Era necesario mantener este secreto ante él y ante todo el mundo hasta que surgiera una oportunidad afortunada para revelarlo. Esa oportunidad, ¡ay!, llegó demasiado pronto y fue la muerte de mi querido capitán Dashwood. Y perdone estas lágrimas», continuó la señorita Jane, secándose el llanto. «Brotan por el recuerdo de mi marido, que, mi querida Sophia, cayó en

América luchando por su país, después de una unión felicísima que duró siete años. Mis hijos, dos niños y una niña encantadores, que siempre habían vivido con mi padre y conmigo, pasando ante sus ojos y los de todos como los hijos de un hermano (¡aunque yo había sido hija única!), habían sido hasta entonces el consuelo de mi vida. Pero nada más morir mi Henry, estas dulces criaturas enfermaron y murieron. Puede imaginar, mi querida Sophia, lo que sentí al acompañar a mis hijos a su tumba como una tía. Mi padre no les sobrevivió más de una semana y murió, pobre buen anciano, felizmente ignorando hasta su último momento la verdad de mi matrimonio».

«Pero si lo tuvo, ¿cómo no adoptó su apellido cuando murió su esposo?

«No, no tuve valor. Sobre todo, cuando no lo había tenido para dárselo a mis hijos. Lady Bridget y usted son las únicas personas que saben que una vez estuve casada y fui madre. Como no fui capaz de adoptar el nombre de Dashwood (un nombre que, desde la muerte de mi Henry, no puedo escuchar sin emoción), y como sentía que no tenía derecho a llevar el de Annesley, me olvidé de los dos y, a la muerte de mi padre, decidí no usar más que mi nombre de pila».

Aquí hizo una pausa.

«¡Oh, mi querida señorita Jane, cuánto le agradezco una historia tan entretenida! ¡No puede imaginarse lo bien que me lo he pasado! Pero, ¿ha terminado ya?»

«Solo me queda añadir, mi querida Sophia, que, al morir el hermano mayor de mi Henry casi al mismo tiempo, Lady Bridget se quedó viuda como yo. Como siempre nos habíamos profesado un gran afecto, aunque

nunca nos habíamos conocido, decidimos vivir juntas. Nuestras cartas, en las que escribíamos sobre las mismas cosas, se cruzaron. ¡De tal forma coincidían nuestros sentimientos y nuestras acciones! Ambas aceptamos encantadas las propuestas que nos hicimos de formar una sola familia, y desde entonces hemos vivido juntas, sintiendo un gran cariño la una por la otra».

«¿Y eso es todo? ¡Espero que no haya terminado!», dije yo.

«La verdad es que sí, y me pregunto si alguna vez ha escuchado una historia más patética», me respondió.

«Nunca, y esa es la razón por la que me ha gustado tanto, porque cuando uno se siente infeliz, no hay nada tan placentero como la sensación que le produce escuchar una historia tan triste como la propia. Pero, mi querida Sophia, ¿por qué es usted infeliz?»

«¿No ha oído hablar, señora, del matrimonio de Willoughby?»

«Pero, querida, ¿por qué lamenta tanto la traición de este hombre, cuando superó tan bien la de tantos otros jóvenes?»

«¡Ah, señora, entonces estaba acostumbrada, pero cuando Willoughby rompió su compromiso, llevaba medio año sin sufrir una decepción!»

«¡Pobre niña!», dijo la señorita Jane.

TERCERA CARTA
De una joven dama en circunstancias difíciles a su amiga

Hace unos días fui a un baile privado en casa del señor Ashburnham. Como mi madre nunca sale, me dejó a cargo de Lady Greville. Ella tuvo la amabilidad de recogerme en su coche, y hasta me permitió ir sentada de frente, un favor que me molesta bastante, sobre todo porque lo considera un enorme privilegio.

«Vaya, señorita María. Qué elegante está esta noche. ¡Mis pobres hijas van a quedar en desventaja! Espero que su madre no se haya arruinado para vestirla. ¿Es un vestido nuevo?», me dijo mientras subía al coche

«Sí, señora», contesté con la mayor indiferencia que pude fingir.

«Sí, y de bastante calidad, creo yo», dijo, tocando mi vestido mientras me sentaba a su lado. «También es muy bonito. Pero, como siempre digo lo que pienso, debo confesar que me parece un gasto innecesario. ¿No podía usar el viejo de rayas? No es mi costumbre criticar a la gente por ser pobre (siempre he creído que ser pobre es más motivo de lástima que de crítica, sobre todo si no se puede evitar), pero a la vez, debo decir que en mi opinión, su viejo vestido de rayas habría sido más que suficiente para su dueña. Porque, a decir verdad (y yo siempre digo lo que pienso), me temo que la mitad de la gente en el salón ni se dará cuenta de si lleva vestido o no. Pero me imagino que va con la intención de hacer fortuna esta noche. Bueno, cuanto antes, mejor, y le deseo suerte».

«La verdad, señora, no tengo esa intención», respondí.

«¿Quién ha oído a una joven decir que es una cazafortunas?»

La señorita Greville se echó a reír, pero creo que Ellen sintió pena por mí.

«¿Su madre ya se había ido a la cama cuando usted se fue?», dijo la señora.

«Mi querida madre, ¡si solo son las nueve!», dijo Ellen.

«Es verdad, Ellen, pero las velas cuestan dinero, y la señora Williams es demasiado sensata para despilfarrar».

«Se acababa de sentar a cenar, señora».

«¿Y qué cenaba?»

«No me fijé. Pan y queso, supongo».

«No puedo pensar en una cena mejor», dijo Ellen.

«No tienes que pensar en nada», replicó su madre. «Porque la que tú tienes siempre es mejor».

La señorita Greville se echó a reír estrepitosamente, como siempre hace ante el ingenio de su madre.

Esta es la humillante situación que me toca vivir cuando viajo en el coche de la señora. No me atrevo a ser impertinente, porque mi madre siempre me advierte que, si quiero progresar en la vida, debo ser humilde y paciente. Ella insiste en que acepte todas las invitaciones de Lady Greville; de lo contrario, te aseguro que nunca entraría en su casa ni en su coche, porque estoy tristemente segura de que, mientras esté con ella, me recordará lo pobre que soy.

Cuando llegamos a Ashburnham, eran cerca de las diez, una hora y media más tarde de lo previsto; pero Lady Greville no es muy estricta con la puntualidad (o al menos eso cree). Sin embargo, el baile no había empezado porque estaban esperando a la señorita Greville.

No llevaba mucho tiempo en el salón cuando el señor Bernard me pidió que bailara con él, pero justo cuando nos íbamos a levantar, se acordó de que su criado tenía sus guantes blancos y salió corriendo a buscarlos. Mientras tanto, el baile empezó y me encontré cara a cara con Lady Greville, que iba a otra habitación. Apenas me vio, se detuvo y, a pesar de que había varias personas cerca, me dijo:

«¡Vaya, señorita María! ¿No puede conseguir pareja? ¡Pobrecita! Me temo que se ha puesto su vestido nuevo para nada. Pero no se desespere, quizá consiga un baile antes de que termine la noche».

Y diciendo esto, se fue sin escuchar mis repetidas protestas de que ya tenía un compromiso, dejándome bastante avergonzada. No obstante, el señor Bernard regresó enseguida y, como se acercó a mí y me condujo a la pista de baile, confío en que quedé libre de la acusación de Lady Greville a los ojos de todas las señoras que escucharon sus palabras.

El placer de bailar y tener la pareja más agradable del salón me hicieron olvidar pronto mi enojo. Como él es el heredero de una enorme fortuna, vi que el hecho de que me hubiera elegido no hizo muy feliz a Lady Greville. Estaba decidida a mortificarme y, por lo tanto, cuando estábamos sentados entre baile y baile, vino hacia mí y, con un aire más insultante de lo habitual y apoyada en la señorita Mason, me preguntó en voz alta para que la mitad de la gente en la habitación pudiera escucharla:

«Por favor, señorita María, ¿a qué se dedicaba su abuelo? Ni yo ni la señorita Mason podemos recordar si era carnicero o encuadernador de libros».

Me di cuenta de que quería humillarme y decidí que, si podía evitarlo, no lo permitiría.

«Ninguna de las dos cosas, señora. Comerciaba con vino».

«Ah, sí, sabía que se dedicaba a uno de esos trabajos de clase baja. Se arruinó, ¿verdad?»

«Creo que no, señora».

«¿No se fugó?»

«Nunca oí que lo hiciera».

«Bueno, al menos murió en la indigencia, ¿no es verdad?»

«No tengo noticia de ello».

«¿Pero no era su padre tan pobre como una rata?»

«No lo creo».

«¿No estuvo una vez en la prisión de Bench?»

«Nunca lo vi allí».

La señora me lanzó una mirada fulminante y se dio la vuelta, furiosa. Yo me sentí contenta de mi impertinencia, aunque me preocupaba que me consideraran demasiado insolente. Como la señora Greville estaba furiosísima conmigo, no me prestó la menor atención durante el resto de la noche, aunque la verdad es que, aunque hubiera estado contenta, tampoco lo habría hecho, porque estaba en medio de un grupo de grandes amigas y nunca me habla cuando puede hacerlo con cualquier otra persona. La señorita Greville se sentó con el grupo de su madre durante el tentempié, pero Ellen prefirió quedarse con los Bernard y conmigo.

Fue un baile muy agradable, y como Lady G. se durmió durante todo el camino de vuelta, tuve un viaje muy tranquilo.

Al día siguiente, mientras estábamos cenando, el coche de Lady Greville se detuvo en nuestra puerta, porque esa es la hora del día en que ella cree que debe visitarnos. Envió un mensaje con el criado diciendo que mi madre no debía levantarse de la mesa, pero que "la señorita María debía acercarse a la puerta del coche, porque quería hablarle", que me diera prisa y que fuera inmediatamente.

«¡Qué mensaje tan impertinente, mamá!», dije.

«Ve, María», respondió ella.

Por lo tanto, no tuve más remedio que ir y quedarme parada allí, para satisfacción de la señora, aunque soplaba un viento intenso y frío.

«Vaya, señorita María, hoy no está tan elegante como ayer. Pero, en fin, no he venido para examinar su vestido, sino para decirle que puede venir a cenar con nosotras pasado mañana. No mañana, acuérdese bien, no venga mañana porque esperamos a Lord y a Lady Clermont y a la familia de Sir Thomas Stanley. No se ponga muy elegante porque no pienso enviarle el coche. Si llueve, puede coger el paraguas».

Apenas pude contener la risa cuando me dio permiso para no mojarme.

«Y le ruego que sea puntual, porque no pienso esperar. Odio que se enfríe la comida. Aunque tampoco hace falta que llegue antes. ¿Qué hace su madre? ¿Estará cenando, no?»

«Sí, señora, estábamos en mitad de la cena cuando llegó usted».

«¡Debe estar cogiendo frío, María!», dijo Ellen.

«Sí, hace un viento del este terrible», dijo su madre. «Le aseguro que casi no puedo soportar la ventanilla bajada. Pero usted está acostumbrada a estar al aire libre, señorita María. Imagino que por eso tiene un cutis tan

enrojecido y áspero. A ustedes, las señoritas que no pueden ir mucho en coche, no les importa el tiempo que haga ni que el viento les descubra las piernas. Yo no permitiría que mis niñas estuvieran fuera de casa en un día como este. Pero alguna gente no tiene idea de lo que es ni el frío ni la delicadeza. Bueno, recuerde que la esperamos el jueves a las cinco en punto. Dígale a su doncella que venga a recogerla por la noche. No habrá luna y tendrá un camino de vuelta bastante horrible. Mis respetos a su madre. Me temo que se le habrá enfriado la cena. ¡Cochero, vámonos!»
Y se fue, dejándome furiosa como siempre.

MARÍA WILLIAMS

CUARTA CARTA
De una joven dama bastante impertinente a su amiga

Ayer cenamos en casa del señor Evelyn, donde nos presentaron a su prima, una joven muy bonita. Yo estaba fascinada con ella, porque además de su cara agraciada, había algo muy interesante en sus modales y en su voz. Todo esto despertó en mí una gran curiosidad por saber su historia: quiénes eran sus padres, dónde nació y qué le había sucedido. Solo sabíamos que era pariente de la señora Evelyn y que se llamaba Grenville.

Más tarde, se me presentó la oportunidad perfecta para intentar averiguar lo que quería. Todos jugaban a las cartas, excepto la señora Evelyn, mi madre, el doctor Drayton, la señorita Grenville y yo. Las dos primeras estaban enfrascadas en una conversación en susurros, y el doctor se quedó dormido, así que las dos tuvimos que entretenernos mutuamente. Eso era exactamente lo que yo quería y, decidida a no quedarme con la duda, empecé la conversación así:

«¿Lleva mucho tiempo en Essex, señora?»

«Llegué el martes».

«¿Venía de Derbyshire?»

«¡No, señora! Venía de Suffolk», dijo, aparentemente sorprendida por mi pregunta.

Quizá pienses que este fue un gran error de mi parte, pero ya sabes, mi querida Mary, que cuando se me mete algo en la cabeza, no me detengo.

«¿Le gusta esta región, señorita Grenville? ¿Le parece tan bonita como la que dejó atrás?»

«En cuanto a belleza, la encuentro muy superior, señora».
Ella suspiró. Me moría por saber por qué.
«Claro que la apariencia de una región, por muy bonita que sea, solo puede ser un pobre consuelo ante la pérdida del amigo más querido», dije yo.
Ella asintió con la cabeza, como si estuviera de acuerdo. Mi curiosidad creció tanto que decidí satisfacerla a cualquier precio.
«¿Lamenta entonces haber dejado Suffolk, señorita Grenville?»
«Por supuesto».
«Supongo que nació allí».
«Sí, señora, nací allí y allí pasé muchos años felices».
«Es un gran consuelo. Espero que ninguno de ellos fuera infeliz», dije yo.
«La felicidad perfecta no es de este mundo, y nadie puede esperar una felicidad ininterrumpida. Naturalmente, he conocido algunas desgracias».
«¿Qué desgracias, querida?» respondí, ardiendo de impaciencia por saberlo todo.
«Espero que ninguna que una falta intencional mía haya causado, señora».
«Me atrevo a decir que no y estoy segura de que cualquier sufrimiento que haya padecido solo ha podido surgir de la crueldad de conocidos o del error de un amigo».
Suspiró.
«Parece triste, mi querida señorita Grenville. ¿Hay algo que pueda hacer para aliviar su tristeza?»
«¿Hacer algo por mí?», replicó, sorprendidísima. «Nadie puede hacer nada por mí».
Pronunció estas palabras en un tono tan triste y solemne

que, por un momento, no tuve el valor de responder. Me quedé en silencio. Poco después, sin embargo, me recuperé y, mirándola con todo el afecto que pude, le dije: «Mi querida señorita Grenville, parece usted muy joven y tal vez necesite el consejo de alguien cuyo afecto por usted, mis años y quizás mi superior capacidad de juicio, me autorizan a dárselo. Yo soy esa persona, y le ruego que acepte este ofrecimiento que le hago, que nace de mi confianza y mi amistad, y a cambio de lo cual solo le pediré lo mismo».

«Es usted extremadamente generosa, señora, y me siento muy halagada por su interés. Pero no tengo problemas, ni dudas, ni me encuentro en una situación incierta que necesite consejo. Sin embargo, si alguna vez me encontrara en esa situación, sabré a qué puerta llamar», dijo, con una cortés sonrisa.

Yo incliné la cabeza, pero me sentí terriblemente mortificada por su negativa. Sin embargo, no me había rendido. Pensé que no perdía nada por volver a intentar con preguntas y suposiciones que lanzaba en nombre de mi interés y amistad.

«¿Y tiene pensado quedarse mucho tiempo en esta parte de Inglaterra, señorita Grenville?»

«Sí, señora, creo que me quedaré un tiempo».

«¿Pero y cómo podrán soportar su ausencia el señor y la señora Grenville?»

«Ninguno de los dos vive, señora».

Esta fue una respuesta totalmente inesperada. No supe qué decir y, de verdad, nunca me había sentido tan incómoda en mi vida.

QUINTA CARTA
De una joven Dama muy enamorada a su Amiga

Mi tío es cada día más tacaño, mi tía más rara, y yo estoy más enamorada. ¡Me pregunto en qué estado estaremos al final del año si seguimos así!

Esta mañana tuve la alegría de recibir la siguiente carta de mi querido Musgrove:

Sackville St., 7 de enero
Hoy se cumple un mes desde que vi a mi encantadora Henrietta por primera vez. Y este sagrado aniversario debe celebrarse de una forma digna de ese día, es decir, escribiéndote.

Nunca olvidaré el momento en que tu belleza apareció por primera vez ante mis ojos. Sabes bien que el tiempo no podrá borrarlo jamás de mi memoria. Fue en casa de Lady Scudamore. ¡Dichosa Lady Scudamore por vivir a solo una milla de la divina Henrietta!

¿Qué sentí cuando la encantadora criatura entró en la habitación? Fue como ver algo maravilloso. Me levanté, la miré con admiración. Tus encantos parecían crecer a cada momento y, antes de que pudiera darme cuenta, el desdichado Musgrove se había vuelto cautivo de tu hechizo. Sí, señorita, tuve la felicidad de adorarte, una desgracia por la que nunca podré estar lo suficientemente agradecido.

¿Se le permitirá a Musgrove morir de amor por Henrietta?, me preguntaba. ¿Puede anhelar a alguien que es objeto de admiración universal, que es adorada por un coronel y elogiada por un barón?

Adorable Henrietta, ¡qué hermosa eres! ¡Declaro que eres

divina! Eres más que mortal. Eres un ángel. Eres la misma Venus. En resumen, señorita, eres la chica más hermosa que he visto en mi vida, y tu belleza aumenta a los ojos de tu Musgrove al permitirle que te ame y que abrigue una esperanza contigo.

¡Ay, angelical señorita Henrietta! El cielo es testigo de cuánto deseo la muerte de tu villano tío y de tu disipada esposa, ya que mi adorada no consentirá ser mía hasta que su fallecimiento la coloque en una posición de abundancia de medios superior a la que mi fortuna puede ofrecerle.

Estoy ahora en casa de mi hermana, donde pienso quedarme hasta que la mía —que aunque es excelente, necesita algunas reparaciones— esté lista para recibirme.

Adiós, amable princesa de mi corazón, te dice adiós este corazón que tiembla al firmar esta carta como tu más ardiente admirador, tu más devoto y humilde servidor,

T. MUSGROVE

¡Qué modelo de carta de amor, Matilda! ¿Habías leído alguna vez una obra maestra de la escritura como esta? ¿Alguna vez tanta inteligencia, tanto sentimiento, tanta pureza de pensamiento, tanta fluidez de lenguaje y un amor tan genuino en una sola página? No, puedo responder por ti que nunca, ya que no todas las chicas pueden encontrarse con un Musgrove.

¡Oh, cómo anhelo estar con él! Mañana tengo la intención de enviarle la siguiente carta como respuesta a la suya.

Mi queridísimo Musgrove:

Las palabras no pueden expresar lo feliz que me hizo su carta. Pensé que iba a llorar de alegría, porque le amo a usted más que a nadie en el mundo. Creo que es usted el hombre más amable y más guapo de Inglaterra, y sin duda lo es. No he leído una carta más dulce que la suya en mi vida. Escríbame otra como esa y dígame que me ama en cada dos líneas. Me muero por verle. ¿Qué haremos para encontrarnos? Porque estamos tan enamorados que no podemos vivir separados.

¡Oh, mi querido Musgrove, no puede imaginar lo impacientemente que espero la muerte de mi tío y de mi tía! Si no mueren pronto, creo que me volveré loca, porque cada día que pasa me siento más enamorada de usted.

¡Qué dichosa es su hermana por poder disfrutar del placer de su compañía, y qué dichoso debe de ser todo el mundo en Londres ya que usted se encuentra allí! Espero que sea tan amable de escribirme pronto de nuevo, porque nunca había leído unas cartas tan dulces como las suyas.

Sincera y fielmente suya, mi queridísimo Musgrove, por siempre jamás,

HENRIETTA HALTON

Espero que te guste mi respuesta. Es la mejor que he podido escribir, aunque no se compara con la suya. La verdad es que ya me habían dicho que era un experto en cartas de amor.

Ya sabes que lo vi por primera vez en casa de Lady Scudamore. Cuando me la encontré más tarde, me preguntó qué me había parecido su primo Musgrove.

«Le aseguro, que me parece un joven muy guapo», dije.

«Me alegra mucho que se lo parezca, porque está locamente enamorado de usted», respondió ella.

«¡Por Dios, Lady Scudamore! ¿Cómo puede decir algo así?», dije yo.

«Porque le aseguro que es verdad. Se enamoró de usted en el instante en que la vio», respondió ella.

«¡Ojalá sea verdad!. Porque es la única clase de amor por la que daría un cuarto de penique. Creo que enamorarse a primera vista tiene cierto sentido», dije yo.

«Bien, la felicito por su conquista», replicó Lady Scudamore. «Que me parece que ha sido completa. Le aseguro que lo que ha logrado no es nada despreciable, porque mi primo es un joven encantador, ha visto mucho mundo y escribe las mejores cartas de amor que he leído nunca».

Esto me hizo muy feliz y me sentí muy contenta por mi conquista. No obstante, me pareció apropiado darme un poco de aires, de modo que le dije:

«Todo eso está muy bien, Lady Scudamore, pero usted sabe que las jóvenes que son herederas no deben arrojarse en brazos de hombres que no tienen ninguna fortuna».

«Mi querida señorita Halton, estoy tan convencida de ello como usted, y le aseguro que sería la última persona en el mundo en animarla a casarse con alguien que no tuviera visos de heredar una fortuna como la suya. El señor Musgrove está lejos de ser una persona pobre, ya que posee rentas de varios cientos al año, que muy posiblemente hará crecer, y una casa excelente, aunque ahora mismo necesita algunas reparaciones», dijo ella.

«Si eso es así, no tengo nada más en su contra, y si usted dice que es un hombre de mundo y que sabe escribir *buenas cartas de amor, no veo por qué iba a impedir que me admirara, aunque quizá no me case con él por eso, Lady Scudamore», repliqué yo.*

«Sin duda, no está usted obligada a casarse con él, a menos que escuche los dictados de su corazón, porque si no me equivoco mucho, está usted acariciando un afecto muy tierno hacia él sin saberlo», respondió la dama.

«¡Por Dios, Lady Scudamore! ¿Cómo puede creer algo así?», repliqué yo, enrojeciendo.

«Porque cada mirada y cada palabra la traicionan. Vamos, mi querida Henrietta, considéreme su amiga y sincérese conmigo. ¿No prefiere al señor Musgrove por encima de cualquier hombre que conozca?», contestó ella.

«Le ruego que no me haga preguntas como esa, Lady Scudamore, porque no estoy en posición de contestarlas», dije, volviendo la cabeza.

«Veo, querida, que confirma mis sospechas. Pero, Henrietta, ¿por qué se avergüenza de sentir un amor tan hermoso? ¿Y por qué no quiere confiarse a mí?», dijo.

«No me avergüenzo de sentirlo», dije, armándome de valor. «Tampoco me niego a confiar en usted, ni me sonroja decir que amo a su primo el señor Musgrove, o que me siento sinceramente atraída por él, porque no es ninguna desgracia amar a un hombre guapo. Si fuera feo, tendría sobrados motivos para avergonzarme de una pasión que sería lamentable, ya que su objeto sería indigno. Pero con esa figura y esa cara, con ese pelo tan bonito como el que tiene su primo, ¿por qué iba a enrojecer al afirmar que esas cualidades superiores han hecho mella en mí?»

«¡Mi dulce niña!», dijo Lady Scudamore, abrazándome con mucho afecto. «¡Qué manera tan delicada de pensar

tiene usted en estos asuntos, y qué rápido discernimiento para una persona de su edad! ¡Cómo la honra tener tan nobles sentimientos!»

«¿Cree usted, señora?», dije yo. «Es usted muy generosa. Pero, Lady Scudamore, le ruego que me diga, ¿fue su primo en persona quien le habló de su afecto por mí? Me gustaría aún más si lo hubiese hecho, porque ¿qué es un amante sin un confidente?»

«¡Oh, querida!. ¡Han nacido el uno para el otro! Cada palabra que dice me convence más de que sus mentes actúan por el poder invisible de la simpatía, porque sus opiniones y sus sentimientos coinciden de una manera total. Y el color de su pelo es bastante parecido. Sí, mi querida niña, el pobre y desesperado Musgrove me reveló la historia de su amor. No crea que me sorprendió porque, no sé por qué, tenía una especie de presentimiento de que se enamoraría de usted», replicó ella.

«Bueno, pero ¿cómo se lo dijo? No fue hasta después de la cena. Estábamos sentados junto al fuego, hablando de cosas sin importancia, aunque he de decir que yo hablaba casi todo el tiempo, mientras él se mostraba silencioso y pensativo, cuando de repente me interrumpió en medio de una frase, exclamando en un tono de lo más teatral»:

«¡Sí, estoy enamorado, ahora lo siento! ¡Y es Henrietta Halton quien así me ha herido!»

«¡Oh, qué manera tan dulce de declarar su pasión! ¡Hacer unos versos tan encantadores por mí! ¡Qué pena que no rimen!»

«Me alegra mucho que le gusten. Sin duda son de un gusto exquisito», respondió ella.

«¿Y estás enamorado de ella, primo?», le pregunté. «No sabes cuánto lo siento porque, a pesar de lo excepcional que eres en todos los aspectos, de que poseas un buen capital que puede mejorar, y una casa excelente, aunque quizá necesite unas reformas, ¿quién puede aspirar a la adorable Henrietta, que ha recibido una oferta de matrimonio de un coronel y ha sido elogiada por un barón?»

«Así ha sido», exclamé yo.

Lady Scudamore continuó:

«¡Ah, querida prima! Estoy tan convencido de las pocas oportunidades que tengo de conseguir a quien es adorada por miles, que no necesito que me lo confirmes aún más. Sin embargo, ni tú ni la bella Henrietta podréis negarme la exquisita gratificación de morir por ella, o de haberme convertido en la víctima de sus encantos. Y cuando esté muerto...», continuó él.

«¡Oh, Lady Scudamore! ¡Que una criatura tan dulce pueda hablar de morir!», dije yo, frotándome los ojos.

«Sí, sin duda es una circunstancia dolorosa», replicó Lady Scudamore.

«Cuando esté muerto, permitidme que lleven mi cuerpo hasta sus pies. Quizá no se niegue a derramar una lágrima piadosa sobre mis pobres restos», dijo.

«Querida Lady Scudamore, le ruego que no diga nada más sobre este tema tan triste. No puedo soportarlo», la interrumpí.

«¡Oh, cómo admiro la dulce sensibilidad de su alma! Y como no quiero herirla demasiado con mis palabras, guardaré silencio».

«Le ruego que continúe», dije yo.

Y así lo hizo.

«Y entonces, ¡ah, prima, imagina cómo me sentiré cuando sienta esas preciosas lágrimas rodando por mi rostro! ¡Quién no moriría por conocer un éxtasis semejante! Y cuando esté enterrado, ¡que la divina Henrietta bendiga con su afecto a un joven más afortunado que sienta por ella el mismo tierno afecto que el desdichado Musgrove y que, mientras él se reduce a polvo, ellos vivan un ejemplo de felicidad de la vida conyugal!»

«¿Habías oído nunca algo tan patético? ¡Qué deseo tan encantador, yacer a mis pies cuando estuviese muerto! ¡Oh, qué mente tan elevada debe de tener para ser capaz de sentir un deseo semejante!»

Lady Scudamore continuó:

«¡Ah, mi querido primo, un comportamiento tan noble como este debe derretir el corazón de cualquier mujer, por muy frío que sea! Si la divina Henrietta pudiera oír tus generosos deseos de felicidad, siendo tan dulce como es, no dudo de que se apiadaría de tu afecto y se esforzaría por corresponderlo», dije.

«¡Oh, prima, no quieras hacerme crecer las esperanzas con afirmaciones tan halagadoras! No, no puedo confiar en agradar a ese ángel de mujer, y lo único que me queda por hacer es morir», respondió él.

«El verdadero amor es siempre un amor desesperanzado pero, mi querido Tom, te daré esperanzas de que puedes conquistar el corazón de esa hermosa mujer aún mayores de las que te he dado hasta ahora, asegurándote que la he estado observando con extrema atención durante todo el día, y que he descubierto claramente que, aunque ella no lo sabe, alberga en su seno un afecto muy tierno por ti», repliqué yo.

«¡Querida Lady Scudamore! ¡No tenía ni idea!», exclamé.

«¿No le dije que ese sentimiento era desconocido para usted misma? No te quise animar diciéndotelo desde el principio», continue. «Porque pensé que la sorpresa te daría un placer todavía mayor».

«No, prima», replicó él con voz lánguida. «Nada puede convencerme de que he tocado el corazón de Henrietta Halton, y si tú te engañas a ti misma, te ruego que no intentes engañarme a mí».

Para resumir, querida, me llevó varias horas persuadir al desesperado muchacho de que usted sentía cierta preferencia por él. Sin embargo, cuando por fin no pudo ya negar la fuerza de mis argumentos o rechazar lo que le decía... ¡describir sus delirios, sus raptos o sus estados de éxtasis, va más allá de mi poder!

«¡Oh, querida criatura!», exclamé yo. «¡Cuán apasionadamente me ama! Pero, querida Lady Scudamore, ¿le dijo que yo dependía totalmente de mi tío y de mi tía?»

«Sí, se lo conté todo».

«¿Y qué dijo él?»

«Estalló con virulencia contra tíos y tías, acusó a las leyes de Inglaterra por permitirles poseer bienes que desean sus sobrinos y sobrinas, y deseó formar parte de la Cámara de los Comunes para reformar la ley y rectificar sus abusos».

«¡Oh, qué hombre tan dulce! ¡Qué espíritu el suyo!», dije yo. «Añadió que no podía soñar con que la adorable Henrietta condescendiera a prescindir por él de los lujos y el esplendor a los que se había acostumbrado, y que aceptara a cambio las comodidades que sus limitados ingresos podían permitirle, suponiendo incluso que su casa estuviera en condiciones de recibirla. Le dije que no podía esperar tal cosa, que sería una injusticia suponerla *capaz de perder los bienes que ahora poseía y con los que tan noblemente ayudaba a las criaturas más desfavorecidas, solamente por agradarnos a él y a mí misma».*

«La verdad es que soy una persona muy caritativa de vez en cuando. ¿Y qué dijo el señor Musgrove?», pregunté.

«Dijo que se encontraba en la melancólica necesidad de saber la verdad de mis palabras y que, si es que podía ser la feliz criatura destinada a ser el esposo de la bella Henrietta, debía armarse de valor para esperar, aunque fuese con impaciencia, ese afortunado día en el que ella se viera libre del poder de indignos parientes y pudiera entregarse a él».

¡Qué criatura tan noble! ¡Oh, Matilda, qué afortunada soy, yo que un día seré su esposa! Mi tía me llama para que baje a preparar pasteles. Así que adiós, mi querida amiga.

Tu sincera, etc., etc.,

H. HALTON

FIN

FRAGMENTOS

A la señorita Fanny Catharine Austen

Mi querida sobrina:
Ya que la gran distancia que separa Rowling de Steventon me impide encargarme personalmente de tu educación —que, supongo, estará a cargo de tus padres—, considero que es mi deber particular evitar, en la medida de lo posible, que sientas la falta de mis enseñanzas. Por eso, te envío por escrito mis opiniones y consejos sobre la conducta de las jóvenes, que encontrarás expresadas en las siguientes páginas.
Tu tía que te quiere,

La Autora

LA MUJER FILÓSOFO.

Una carta

Mi querida Louisa:
Tu amigo, el señor Millar, nos visitó ayer de camino a Bath, a donde se dirigía por motivos de salud. Venía con dos de sus hijas, mientras que la mayor y los otros tres niños se quedaron con su madre en Sussex.
Aunque siempre me habías dicho que la señorita Millar era muy guapa, nunca mencionaste la belleza de sus hermanas, y la verdad es que son preciosas. Déjame que te las describa:
Julia tiene dieciocho años y un rostro donde la modestia, la inteligencia y la dignidad se combinan de maravilla. Además, su figura es un regalo de gracia, elegancia y simetría.
Charlotte tiene solo dieciséis y es más baja que su hermana, pero su figura, aunque no tiene la misma dignidad que la de Julia, tiene unas curvas que, de una forma diferente, son muy atractivas. Es bonita, y la expresión de su cara es de una dulzura cautivadora a veces, y de una vivacidad sorprendente en otras. Parece tener una inteligencia fuera de lo común y un humor inalterable. Su conversación, durante la media hora que pasaron con nosotros, estuvo llena de ocurrencias, chascarrillos y réplicas muy ingeniosas, mientras la inteligente y amable Julia hizo reflexiones morales dignas de un corazón como el suyo.
El señor Millar encaja perfectamente con el retrato que me habías hecho de él. Mi padre lo recibió con una mirada afectuosa, un apretón de manos y un beso amistoso

que mostraban la alegría que sentía al ver a un viejo y querido amigo del que, por distintas circunstancias, había estado separado durante casi veinte años.

El señor Millar comentó (y muy bien, por cierto) que en ese tiempo les habían pasado muchas cosas a ambos, lo que dio pie a la encantadora Julia para hacer algunas reflexiones profundísimas sobre los numerosos cambios que ese largo periodo había provocado en sus vidas, sobre las ventajas y desventajas de unos y otros. De este tema, pasó a hacer una breve digresión sobre la inestabilidad de los placeres humanos y sobre la incertidumbre de su duración, lo que la llevó a comentar que todas las alegrías terrenales deben ser imperfectas. Se disponía a ilustrar esta doctrina con ejemplos de las vidas de grandes hombres, cuando el coche llegó a la puerta y la amable moralista, junto con su padre y su hermana, se vio obligada a irse, no sin antes prometer que a su regreso pasaría cinco o seis meses con nosotros.

Por supuesto, te mencionamos en la conversación y te aseguro que todos hicimos justicia a tus múltiples cualidades. «Louisa Clarke», dije yo, «es en general una niña muy agradable, aunque a veces su buen humor se ensombrece por el mal genio, la envidia y el desprecio. No carece de inteligencia y tiene cierta belleza, pero estas son tan insignificantes que el valor que les da y la adoración que espera obtener por ellas son, a la vez, un sorprendente ejemplo de su vanidad, orgullo y tontería».

Eso fue lo que dije y, en mi opinión, todos añadieron peso a este juicio con comentarios propios.

Con cariño,

ARABELLA SMYTHE

PRIMER ACTO DE UNA COMEDIA

Personajes

Pistola, Maria, Charles, Pistoletta, Postillón, Cloe, Posadera,
Coro de Yunteros, Cocinera
Y Strephon

ESCENA EN UNA POSADA
(Entran la Posadera, Charles, Maria y la Cocinera)
Posadera *(a Maria)*: Si los aristócratas del León quieren camas,
enséñales la número 9.
Maria: Sí, señora.
Posadera *(a la Cocinera)*: Si los Honorables de la Luna piden el
menú, dáselo.
Cocinera: Así lo haré, así lo haré.
Posadera *(a Charles)*: Si las Damas del Sol hacen sonar la cam-
pana, ve a ver qué quieren.
Charles: Sí, señora.
(Salen cada uno por su lado.)
La escena se desarrolla ahora en la Luna.
(Aparecen Pistola y Pistoletta)
Pistoletta: Dime, papá, ¿falta mucho para Londres?
Pistola: Hija mía, mi amor, mi hija favorita, retrato de tu
pobre madre que murió hace dos meses, con quien me dirijo a
la ciudad para casarte con Strephon y a quien pretendo dejar
todos mis bienes... faltan siete millas.
La escena se desarrolla ahora en el Sol.
(Entran Cloe y el coro de yunteros)

Cloe: ¿Dónde estoy? En Hounslow. ¿A dóndc voy? A Londres. ¿A hacer qué? A casarme. ¿Con quién? Con Strephon. ¿Quién es él? Un joven. Pues bien, cantaré una canción.

Canción:
Cuando a la ciudad llegue,
y del coche me baje,
con Strephon me casaré
lo cual estará muy bien.

Coro:
Muy bien, muy bien, muy bien,
Lo cual estará muy bien.

(Entra la Cocinera)

Cocinera: Aquí está el menú.

Cloe *(leyendo)*: Dos patos, una pierna de buey, una perdiz apestosa y una tarta... Tomaré la pierna de buey y la perdiz.

(Sale la Cocinera.)

Y ahora cantaré otra canción.

Canción:
A cenar me dispongo,
y de mi figura no me quejo.
¡Oh, qué feliz sería
si Strephon estuviera aquí,
porque él me trincharía la perdiz
si fuera de carne dura!

Coro:
Dura, dura, dura,
porque él me trincharía la perdiz
si fuera de carne dura.

(Salen Cloe y el Coro.)

La escena se desarrolla ahora en el interior del León.

(Entran Strephon y un Postillón)

Strephon: Me has traído de Staines a este lugar, desde donde planeo ir a la ciudad para casarme con Cloe. ¿Cuánto te debo?

Postillón: Dieciocho peniques.

Strephon: Ay, amigo mío, solo tengo una guinea falsa con la que pretendo pagar mis gastos en la ciudad. Pero a cambio, puedo darte una carta sin dirección que recibí de Cloe.

Postillón: Acepto su oferta, señor.

Fin del primer Acto

CARTA DE UNA JOVEN DAMA

Cuyos sentimientos, demasiado intensos para razonar, la llevaron a cometer errores que su corazón no aprobaba

Mi querida Ellinor:

Mi vida ha estado llena de preocupaciones y contratiempos, pero el único consuelo que me queda es que, al analizar mi conducta, estoy convencida de que me los he merecido todos.

Maté a mi padre cuando era muy pequeña, después maté a mi madre, y ahora me estoy preparando para asesinar a mi hermana. He cambiado de religión tantas veces que ya no sé ni cuál me queda. He actuado como testigo falso en todos los juicios públicos de los últimos doce años y he falsificado mi propio testamento. En resumen, no hay un solo crimen que no haya cometido.

Pero ahora quiero reformarme. El coronel Martin, de la guardia montada, me ha estado cortejando y pensamos casarnos en unos días. Como nuestro noviazgo fue un poco particular, te haré un relato sobre él.

El coronel Martin es el segundo hijo del difunto Sir John Martin, que murió siendo inmensamente rico. Sin embargo, legó solo cien mil libras a sus tres hijos menores y el resto de su fortuna, unos ocho millones, al actual Sir Thomas. Con esta miseria, el coronel llevó una vida moderada durante casi cuatro meses, hasta que se le metió en la cabeza apoderarse de todos los bienes de su hermano mayor.

Falsificó un nuevo testamento y lo llevó al tribunal, pero nadie más que él pensó que fuera el verdadero, y como ya había jurado en falso tantas veces, nadie le creyó.

Sucedió que yo pasaba por la puerta del tribunal en ese momento y fui llamada por el juez, quien le dijo al coronel que yo era una dama siempre dispuesta a prestar cualquier servicio por la causa de la justicia y le aconsejó que me pidiera ayuda. En resumen, el asunto se solucionó enseguida. El coronel y yo juramos que se trataba del testamento verdadero, y Sir Thomas se vio obligado a devolver la fortuna que había conseguido por medios poco lícitos. En agradecimiento, el coronel vino a visitarme al día siguiente y me ofreció su mano. Ahora me dispongo a asesinar a mi hermana.

Tu fiel,

ANNA PARKER

UN VIAJE A TRAVÉS DE GALES
En carta de una joven dama

Mi querida Clara:

He estado vagabundeando tanto tiempo que no he podido agradecerte tu carta hasta ahora.

Este lunes hará un mes que salimos de nuestro querido hogar rumbo a Gales, un principado al lado de Inglaterra que da nombre al título del Príncipe de Gales. Viajamos casi todo el tiempo a caballo. Mi madre iba montada en un poney pequeño, y Fanny y yo caminábamos a su lado, o más bien corríamos, porque a mi madre le encanta ir tan deprisa que se pasó todo el tiempo galopando. Puedes estar segura de que cuando parábamos, estábamos empapadas de sudor.

Fanny ha hecho muchos dibujos de la región, y son muy bonitos, aunque tal vez no se parezcan mucho al lugar, ya que tuvo que hacer los apuntes mientras corríamos. Te asombrarías de la cantidad de zapatos que hemos destrozado en el viaje. Decidimos llevar una buena reserva de ellos, además de los que llevábamos puestos al salir. Sin embargo, en Carmarthen tuvimos que ponerles suelas y tacones nuevos.

Al final, cuando ya estaban completamente destrozados, mamá tuvo la amabilidad de dejarnos un par de zapatillas de satén azul. Así que nos calzamos una cada una y fuimos saltando a la pata coja, lo que fue una delicia, desde Hereford hasta casa.

Tu fiel y afectuosa amiga,

ELIZABETH JOHNSON

UN CUENTO

Hace unos dos años, un caballero, de cuya familia no diré el nombre, compró una casita en Pembrokeshire. Su hermano mayor le había animado a hacerlo y le prometió que le amueblaría dos habitaciones y un trastero, siempre y cuando eligiera una casa pequeña cerca de un bosque grande y a unos cinco kilómetros del mar.

Wilhelminus aceptó encantado y llevaba un tiempo buscando una casa así, hasta que una mañana se encontró con este anuncio en el periódico, que le resolvió el problema:

Se alquila.

Una casa pequeña cerca de un bosque grande y a unos cinco kilómetros del mar. Completamente amueblada, excepto dos habitaciones y un trastero.

Feliz, Wilhelminus le escribió enseguida a su hermano, le enseñó el anuncio y este lo felicitó y le mandó su coche para que fuera a tomar posesión de la casa.

Después de viajar sin parar durante tres días y seis noches, llegaron al bosque y, siguiendo un camino que bordeaba uno de sus márgenes hasta una colina empinada, sobre la que serpenteaban diez arroyos, llegaron a la casa en media hora. Wilhelminus se bajó del coche y, tras llamar repetidamente sin recibir respuesta, abrió la puerta (cerrada solo con un candado de madera) y entró en una pequeña habitación, que enseguida reconoció como una de las que no estaban amuebladas. De allí pasó al trastero, que también estaba vacío. Unas escaleras lo llevaron a un piso superior, donde había otra habitación igual de vacía, y descubrió que estas tres estancias eran toda la casa.

A Wilhelminus no le decepcionó nada el descubrimiento. Al contrario, se alegró porque así no tendría que comprar ningún mueble. Volvió enseguida con su hermano y, al día siguiente, este lo llevó a todas las tiendas de la ciudad, donde compró todo lo necesario para amueblar las dos habitaciones y el trastero.

Todo estuvo listo en pocos días, y Wilhelminus regresó para tomar posesión de la casa. Robertus lo acompañó con su esposa, la amable Cecilia, sus dos encantadoras hermanas, Arabella y Marina, a quienes Wilhelminus apreciaba mucho, y un gran número de sirvientes.

Cualquiera se habría visto en un aprieto para acomodar a tanta gente, pero Wilhelminus, con gran presencia de ánimo, ordenó de inmediato que se montaran dos tiendas en un claro del bosque cercano. La construcción era sencilla y elegante. Un par de mantas viejas, sujetas con cuatro palos cada una, demostraron su buen gusto para la arquitectura y el don natural que tenía para superar las dificultades. Esas eran dos de las virtudes más destacadas de Wilhelminus.

FIN del Volumen II